知的障害の若者に大学教育を

米・欧・豪・韓 9か国 20 大学の海外視察から

ゆたかカレッジ・長谷川正人／編著
YUTAKA COLLEGE, Masato Hasegawa

クリエイツかもがわ

まえがき

　私たちは2014年からおよそ5年間、アメリカ、ヨーロッパ、オーストラリア、そしてアジアの国々を訪問し、知的障害者が大学にどのように受け入れられ学んでいるのかを視察してきました。訪れたのは9か国20大学におよびます。本書はそこで学んだことをまとめたものです。

　日本のことだけしか知らないと日本が普通だと思いますが、諸外国の状況を知ると日本の状況と比較対照でき、より客観的に日本の現状を理解することが可能になります。いまの日本は何が課題で、どのような方向をめざしたらいいのかが見えてくるのです。

　「タイムマシン」はサイエンスフィクションに登場する道具ですが、海外視察はまさに「タイムマシン」です。たとえば、ある分野で日本より10年進んだ国を見ると、日本の10年後がある程度見えてくるからです。

　国によって教育制度は異なります。日本における大学の法律上の定義を見ると、大学とは「学術の中心」であり、教育と研究を通して「成果を広く社会に提供することにより、社会の発展に寄与する」(学校教育法第83条) 場所であるとされています。

　そのような大学の定義を鑑みたとき、知的に障害のある人が大学に所属するということは、イメージがわきにくいかもしれません。

　しかしながら、人権という視点から考えたとき、教育を受ける権利は日本国憲法第26条にも謳われています。また、2006年12月に改正された教育基本法において「生涯学習の理念」と題された第3条では、「国民一人一人が、自己の人格を磨き、豊かな人生を送ることができるよう、その生涯にわたって、あらゆる機会に、あらゆる場所において学習することができ、その成果を適切に生かすことのできる社会の実現が図られなければならない」と規定されています。

まえがき　3

一方諸外国では、知的障害者のための履修コースを開設している大学も少なくありません。知的障害者を受け入れている大学によって、受け入れ方もさまざまです。

軽度知的障害者（おおむねIQ50〜70）やボーダー（境界域。同IQ70〜85）の人を対象としている大学の多くは「完全統合型」で、知的障害のある学生たちは一般学生と同じ講義を受講しています。

また、中度知的障害者（同IQ35〜50）を対象としている履修コースは、「完全分離型」または「ハイブリッド型（分離・統合折衷型）」です。知的障害のある学生たちは、一般学生とはまったく別の教室で独自のカリキュラムにもとづいて授業を受講するか、あるいは音楽、芸術、スポーツなど特定の教科のみ一般学生といっしょに授業を受け、それ以外は別々で受講するというスタイルです。

ほとんどの大学で知的障害者は、卒業しても学士号は授与されません。すなわち、試験を受けることも単位を認定されることもなく、聴講生のような立場で在籍しています。私たちが視察した大学のなかで、卒業時に知的障害者に学士号が授与される大学は唯一、韓国のナザレ大学のみでした。

したがって、諸外国の大学が知的障害者を受け入れる目的は、「彼らに学ぶ機会を提供したい」「青年期に豊かな青春時代を過ごしてほしい」「子どもから大人へのハードルを乗り越えるための自分探し、自分づくりのモラトリアムの時間を提供したい」ということです。

ゆたかカレッジも、諸外国のさまざまな大学を視察するなかで、理念や方針、カリキュラムなどについて学んできました。

ゆたかカレッジは、「すべての人の学びの機会の創造を通じて社会に貢献すること」を理念に掲げています。現在、東京都、神奈川県、福岡県、長崎県の1都3県で8つのキャンパスを運営しており、今後も積極的に新キャンパスを開設していきたいと思っています。

1年でも早く開設することで、その地域の知的障害がある人たちが一人でも多く学ぶ機会を得て、ソフトスキル（人間性）とハードスキル（知識）、

ライフスキル（生きる力）とワークスキル（働く力）を学んで就労し、自立してほしいからです。

特別支援学校卒業時に就労継続Ｂ型事業所をすすめられた人はぜひ、ゆたかカレッジの門を叩いていただきたいと思います。そこから4年間、充実して学び、仲間とともに豊かな経験を積み重ねることで、多くの人たちは一般就労が可能になります。

つまり、一般就労の力がないのではなく、一般就労の力を育てる時間が足りなかっただけなのです。知的障害がある人たちはそれぞれ「伸びしろ」をいっぱい秘めているのに、それを伸ばす時間、開花させるための時間が足りなかっただけなのです。知的障害者は発達が緩やかだからこそ、社会に出る前の教育も、むしろ健常者よりも時間をかけてていねいに行う必要があるのです。

将来に限りない可能性を秘めた若者たちに、ぜひ学びの機会を提供してあげてほしいと願います。

拙著をお読みいただき、諸外国の知的障害者の高等教育の現状について知っていただくことで、日本においても多くの大学が知的障害者の受け入れを進めていただければと願っています。

2019年6月
長谷川正人

知的障害の若者に大学教育を
米・欧・豪・韓9か国20大学の海外視察から　もくじ

まえがき　3

序章　ゆたかカレッジの概要と海外視察の目的………………………………　9

第1章　アメリカにおける知的障害者の大学進学…………………………　19
　　1　アメリカの大学視察の目的　20
　　2　アメリカにおいて知的障害者の大学進学が進んだ経緯　22
　　3　アメリカにおける知的障害者の大学進学の現状　27
　　4　大学における知的障害者受け入れの具体的な取り組み状況　33

第2章　カナダにおける知的障害者の大学進学…………………………　59
　　1　インクルージョン・アルバータの取り組み　60
　　2　レジャイナ大学における知的障害者の受け入れ　63
　　3　マウント・ロイヤル大学の取り組み　71
　　4　ボウバレーカレッジの取り組み　75
　　5　カルガリー大学の取り組み　77
　　6　アンブローズ大学の取り組み　81

第3章　イギリスにおける知的障害者の大学進学………………………　85
　　1　ジョン・ディウェイ・カレッジの三つのプログラム　86
　　2　ジョン・ディウェイ・カレッジの目標達成度評価　88
　　3　ジョン・ディウェイ・カレッジとの意見交換　89

第4章　アイルランドにおける知的障害者の大学進学…………………　95
　　1　トリニティカレッジにおける知的障害者履修コースの成り立ち　96
　　2　トリニティカレッジにおける知的障害者履修コースの位置づけ　97
　　3　トリニティカレッジにおける教育の内容　98

第5章　アイスランドにおける知的障害者の大学進学…………………　101
　　1　アイスランドの教育の位置づけ　102
　　2　アイスランド大学の教育プログラムのタイプ　103
　　3　アイスランド大学の教育プログラムの目的とカリキュラム　104
　　4　実際の授業──卒業論文発表リハーサル　105

第6章　スペインにおける知的障害者の大学進学 …………………… 107

1 コンプルテンセ大学における知的障害者の受け入れ　108

2 マドリード自治大学における知的障害者の受け入れ　111

第7章　イタリアにおける知的障害者の大学進学 …………………… 119

1 障害者を取り巻くイタリアの歴史　120

2 サクロ・クオーレ・カトリック大学における知的障害者の受け入れ　121

第8章　オーストラリアにおける知的障害者の大学進学 ……………… 123

1 シドニー大学視察概要　124

2 インクルーシブ教育プログラムの普及の現状　128

3 シドニー大学におけるインクルーシブ教育の実際　130

4 プロジェクト参加学生へのインタビュー　136

5 フリンダース大学視察　142

第9章　韓国における知的障害者の大学進学 …………………………… 157

1 ナザレ大学が知的障害のある学生を受け入れる目的　158

2 リハビリテーション自立学科の授業　160

3 卒業後の就労と障害者の雇用環境　162

4 ナザレ大学の障害学生支援センター　163

5 ナザレ大学の生活館、自立生活支援センター、補助工学センター　166

6 総括質疑──カリキュラムや入試から性教育、障害受容まで　173

7 身近で具体的な目標　184

終章　大学視察のまとめとして ………………………………………… 185

あとがき　192

序　章

ゆたかカレッジの概要と
海外視察の目的

(1)青年期の知的障害者の学びの現状

　日本では、健常者の7割が高等教育（大学・短大・専門学校）に進学している時代に、知的障害者の高校卒業後の進学率はわずか0.5%である（文部科学省「学校基本調査」平成30年度版）。知的障害者が高卒後、「社会に出るには自信がないからもっと勉強したい」「社会に出ても困らないようにいろいろなスキルを身につけたい」「お兄ちゃん、お姉ちゃんのように大学生になって楽しいことをたくさんやりたい」などの思いを抱いても、日本にそのような場は極めて少ない。

　一方、特別支援学校高等部では、卒業後就労現場において、働き手として力を発揮できるように、職業訓練に偏重した授業が大きなウエイトを占めており、教育の本来の目的である人格形成、あるいは各人の個性や長所を伸ばしたり、生きる力を身につけたりする教育が手薄になっている。

　昭和女子大学の根本治代准教授の調査によると、知的障害者の離職理由として最も大きいものが「職場の人間関係」51.8%、次いで「就労意欲の低下」45.3%、そして「勤務態度」37.4%であった（根本治代〈2016〉「知的障害者の離職時および離職後支援に関する研究―障害者就業・生活支援センターへのアンケート調査から―」）。

　こうした離職理由の背景に、高等部を卒業して一般就労しても、困難や辛いことに直面したときに、それへの対処や感情コントロールがうまくできない状況があるのではないだろうか。その結果、やむなく自分の居場所を失い、離職に至ってしまっているように考えられる。職場で心を壊して二度と会社で働きたくないと家に引きこもってしまう人、精神面でおかしくなってうつ病を患ってしまう人なども少なくない。

　本来であれば、知的障害者は健常者に比べて発達が緩やかだからこそ、健常者よりも時間をかけ、ゆっくりとしたペースで成長できる学びの機会を保障すべきである。

(2)ゆたかカレッジの設立

　ゆたかカレッジは、特別支援学校高等部などを卒業した知的障害者のため

の学びの場である。現在、東京都新宿区の「ゆたかカレッジ早稲田キャンパス」をはじめ同江戸川区、神奈川県横浜市、同川崎市、福岡県福岡市、同北九州市、長崎県大村市に合計8事業所を運営し、合計210人の知的障害者がそこでさまざまなことを学んでいる（2019年4月現在。理念、目標、キャンパス紹介など詳細は巻末194・195ページ参照）。

　制度面から見たゆたかカレッジは、障害者総合支援法にもとづく「自立訓練事業」と「就労移行支援事業」（各2年間）を組み合わせた4年間の多機能型福祉サービス事業所である。

　アメリカやカナダ、オーストラリア、イギリスなどの大学では、知的障害者のための履修コースが用意されており、18歳以降も学びたいという知的障害青年の思いに応えている大学も少なくない。特にアメリカは、全米で269の大学や短大が知的障害者の履修コースを設置している（2018年時点）。

　ゆたかカレッジは、日本にもそのような社会環境が1日も早くできることを願い、この事業に取り組んでいる。

　2014年1月20日、日本は国連の障害者権利条約を批准した。同条約第24条「教育」第5項には、次のように示されている。

　「締約国は、障害者が、差別なしに、かつ、他の者との平等を基礎として、一般的な高等教育、職業訓練、成人教育及び生涯学習を享受することができることを確保する。このため、締約国は、合理的配慮が障害者に提供されることを確保する」

　しかるに冒頭に示した通り、特別支援学校（知的障害）高等部卒業生の進学率は1パーセントにも満たない現状がある。

　また、人としての自立と成長の土台を育む上で、青年期の学びは極めて大きな意味をもっている。健常の青年たちの多くが、大学などで仲間との関わりを通じてさまざまなことを体験し青春を謳歌しながら、子どもから大人へ、学生から社会人へという人生の大きな節目を乗り越えているなかで、ほとんどの知的障害者は高等部卒業後、一般就労か福祉サービス利用の道を選択

序章　ゆたかカレッジの概要と海外視察の目的　11

し、進学、学びという選択肢やモラトリアム（自分探しの時間）の機会が限られている。

　ゆたかカレッジは、このような青年期知的障害者の学びの現状をふまえ、彼らの学習権を保障することを目的として設立された。

(3)ゆたかカレッジの教育システムと教授の内容

　ゆたかカレッジの修業年限が4年である背景には、知的障害者は発達が緩やかだからこそゆっくりと時間をかけて学んでほしい、という願いがある。修業年限が短いと、卒業後の進路先の確保や職業生活にすぐに役立つ技術の習得が優先され、就労には直接結びつかなくとも社会で生きていく上で必要なさまざまな教養や知識の習得、多様な社会体験がおざなりにならざるを得ない。

　ゆたかカレッジの教育目標は次の3点である。

①生きるために必要な力、忍耐・努力することができる社会人の育成
②個性や自主性が輝き、伝え合う力や協調性をもつ社会人の育成
③逆境力、折れない心（レジリエンス）をもつ社会人の育成

　1・2年次の教養課程は、「一般教養」「経済」「ヘルスケア」「文化・芸術」「自主ゼミ」など10教科である。社会生活を営む上で必要とされるさまざまな知識・技術を身につけるとともに、豊富な社会的活動を体験する。

時間・曜日	月曜日	火曜日	水曜日	木曜日	金曜日	土曜日
10:00〜10:15	朝のミーティング・健康チェック					
10:15〜10:35	健康づくり（ラジオ体操・ダンス・ウォーキングなど）					余暇活動
10:45〜12:15	ホームルーム 基礎学力	資格・検定	一般教養	生活	自主ゼミ	
12:15〜13:15	昼食・休憩					
13:15〜14:45	文化・芸術	スポーツ	経済	労働	ヘルスケア	
14:50〜15:15	自主学習（パソコン・読書・自由勉強など）					
15:20〜15:45	清掃・帰りのミーティング					

　3・4年次の専門課程では、就労に向けてさまざまな職種について学ぶな

かで、自分の興味や適性、能力にマッチした仕事を選択する。特に4年次はインターンシップを繰り返すなかで、徐々に仕事に対する自信と意欲を培っていく。

時間・曜日	月曜日	火曜日	水曜日	木曜日	金曜日	土曜日
10:00〜10:15	朝のミーティング・健康チェック					
10:15〜12:15	ホームルーム 資格・検定	SST	店舗実践	介護実践 厨房実務	清掃実践 パソコン実践	余暇活動
12:15〜13:15	昼食・休憩					
13:15〜15:15	スポーツ	生活 一般教養	自主ゼミ	物流実務	対人実務	
15:20〜15:45	清掃・帰りのミーティング					

　また、キャンプや登山などの年間行事も学びの題材ととらえている。インターネットでの情報収集やスケジュールづくりなどはできる限り学生たちによって進められ、お互いに納得がいくまで話し合いを深めていく。

⑷学びを通しての学生たちの成長

　ゆたかカレッジに入学してくる学生たちは、他者とのコミュニケーションが苦手な人が少なくない。

　余暇活動の計画立案などの話し合いの場面でも、それぞれが自分の主張を一歩も譲らないためまとまらないとか、逆に意見を求められても「別にない」「勝手に決めれば」などと自分の思いを表出しないなどの姿がしばしば見られ、トラブルに発展することもある。しかし入学して半年も過ぎた頃には、日々のディスカッションを通じてそれぞれが相手の気持ちを察したり、お互いに譲り合ったりしてうまく合意形成ができるようになっていく。

　さらに2年生になると後輩ができる。そこで、上級生として積極的に後輩を手助けしたり、後輩に慕われるような先輩になろうと努力したりするようになる。一方、後輩も先輩たちのようになりたくて、そのよいところを学ぼうとする。このような先輩後輩の関係を通じて双方が日々成長していく。

　3年生になると、自治会活動を担当し、カレッジ全体の学生生活に関わることでさらに視野が広がっていく。

序章　ゆたかカレッジの概要と海外視察の目的　13

このような3年間の日々の学びや仲間との関わりのなかで培ってきた自信や自己認知力、コミュニケーション力などを糧にしながら、4年生になるとインターンシップが始まる。そこで、3年間で身につけてきたライフスキルやワークスキルが、はたして社会で通用するものなのかを自ら試しながら、会社という実社会でさらに自己研鑽していく。

学生たちはこのようにして、将来社会人として生きていく上で不可欠な主体的に生きる力や意欲、心のたくましさと青年らしいしなやかさを身につけている。

(5)わが国における知的障害者の生涯学習に関する今後の方向性

さて、日本では2014年に障害者権利条約が批准され、文部科学省において障害者の生涯を通じた多様な学習活動を支援するための取り組みが開始されている。2018年3月に策定された第4次障害者基本計画においては、「生涯を通じた多様な学習活動の充実」が盛り込まれ、障害者の学校卒業後における学びを支援し、地域や社会への参加を促進することで、共生社会の実現につなげる旨が明確に位置づけられたのである。

文部科学省「学校卒業後における障害者の学びの推進に関する有識者会議」による『障害者の生涯学習の推進方策について（報告案）』（2019年3月）は、障害者の生涯学習に関しての今後の国としての方向性について以下のように述べている。

「知的障害のある生徒について、平成28年度の特別支援学校高等部卒業後の状況は、就職5,707人（32.1%）、施設・医療機関11,008人（62.0%）が大半を占めており、大学・短大・高等部専攻科・専門学校への進学者数は94人。進学率は約0.5%となっている。知的障害等の障害がある者の中には、高等部卒業後も引き続き教育を受け、多様な生活体験・職業体験を行ったり、他者とのコミュニケーションを行ったりする中で生活や就職の基盤となる力を身に付け、成長したいと考える者もいる。しかしながら、現状において継続的な学びの場は少なく、卒業後すぐに就職したが、適応できずに早期に離

職することになったり、自らの能力を十分に発揮する機会に必ずしも恵まれないまま過ごしたりする場合もあることなどが指摘されている。こうした中、昨今、障害福祉サービス等と連携して、学校卒業直後の一定期間、学びの機会を提供する例が見られる。本人アンケート調査においては、メディア・学習拠点の活用経験と比較して今後のニーズが高いものとして『障害福祉サービス事業所等の講座、余暇活動』があり、特に、知的障害、発達障害（自閉症あり）のある者の『障害福祉サービス事業所等の講座、余暇活動』のニーズ（30.7%、32.6%）が、他の障害種と比較して突出して多くなっている。こうした状況も踏まえながら、国においては、学校から社会への移行期の学びに関する支援方策を立案する必要がある」

　また、大学における知的障害者の学びの機会の提供についても、同報告書は以下のように述べている。

「特別支援学校高等部卒業後における知的障害者等の学びについては、障害福祉サービスと連携して実施しているものや地域の社会教育施設における学習機会等があるが、大学における学びの場づくりも、本人のニーズを踏まえた対応の一つの有力な選択肢となりえる。我が国においては、知的障害者等の大学在籍者は少数であり、一部の大学において、一部の研究者を中心にオープンカレッジを活用した多様な学びの機会を提供している例がある。諸外国の状況を見てみると、アメリカ、フランス、イギリス、ドイツ、中国、韓国等において、多様な形態で、知的障害者の大学での学びを提供してきている。単位や学位の取得を目指すものも一部あるが、多くは聴講生の形態で大学の講義を受講するものとなっている。また、知的障害者のみが受講する講義もあれば、知的障害者が一般の学生と共に受講する講義もある。大学においては、諸外国の状況も参考にしながら、その自主的な判断により、公開講座等の機会の提供など、多様な学びの機会を提供することが考えられる。国においては、大学が合理的配慮を行った上で知的障害者等の学びの場を継続的につくるためにはどのような準備が必要となるのか、知的障害者等の学

びの場を大学に設けることで大学にどのようなメリットがあるのか、社会的な効果としてどのようなことが考えられるか、といった観点から、実践的な研究を行うことが求められる」

　このように、我が国においてもいよいよ知的障害者の高等教育の機会の拡充が国の施策としても進みつつある。このことは何よりも知的障害者とその保護者にとって大変喜ばしいことである。

⑹海外視察の目的と訪問先
　日本には同様の取り組みのモデルがないため、ゆたかカレッジでは試行錯誤を繰り返しながら、日々の授業・行事・余暇活動などを展開している。
　日本に例がないのであれば海外はどうだろうかと調べたところ、アメリカ、カナダ、ヨーロッパ諸国、オーストラリア、韓国などで、一般の大学が知的障害者を受け入れていることが明らかになった。そこで私たちは、現地に出向いて視察研修を行うことにした。
　海外視察の目的は次の通りである。

①海外の先駆的な実践を視察することでこの分野に関する見識を深め、ゆたかカレッジの支援教育の質の向上をめざすこと
②日本でも知的障害者の高等教育の制度を確立すべく、海外の現状をより多くの人たちに伝え理解を広げること
③世界各国で知的障害者の高等教育保障の分野で積極的に取り組みを進めている人々に直接会い、意見交換や情報交換をすることでネットワークを構築すること

　私たちはこれまでに次の海外視察を行い、9か国20大学を訪問した。

● 2014年10月：アメリカ（マサチューセッツ州ボストン）
　・レズリー大学

・マサチューセッツ州立大学ボストン校
- 2015年1月：アメリカ（カリフォルニア州ロサンゼルス）
  ・カリフォルニア州立大学ロサンゼルス校
  ・北オレンジ郡コミュニティカレッジ
  ・映像専門学校エクセプショナル・マインズ
- 2015年12月：オーストラリア（シドニー）
  ・シドニー大学
- 2016年4月：カナダ（レジャイナ・カルガリー）
  ・レジャイナ大学
  ・マウントロイヤル大学
  ・ボウバレーカレッジ
  ・カルガリー大学
  ・アンブローズ大学
- 2016年8月：オーストラリア（アデレード）
  ・フリンダース大学
- 2016年11月：韓国（天安）
  ・ナザレ大学
- 2017年4月：イギリス（ロンドン）・アイルランド（ダブリン）・
    アイスランド（レイキャビーク）
  ・ジョン・ディウェイ・カレッジ
  ・ダブリン大学
  ・アイスランド大学
- 2019年2月：スペイン（マドリード）・イタリア（ミラノ）・
    イギリス（ロンドン）
  ・マドリード・コンプルテンセ大学
  ・マドリード自治大学
  ・サクロ・クオーレ・カトリック大学
  ・ロンドン大学

本書は、これらの海外視察を通じて学んだことをまとめたものである。いわば見聞録ではあるが、これが一人でも多くの人たちの目に触れ、知的障害者の高等教育保障を取り巻く世界の状況を知る人たちが広がってほしいと考えている。そして、日本における知的障害者の高等教育保障を実現するための連帯が広がれば、私たちの望外の喜びである。

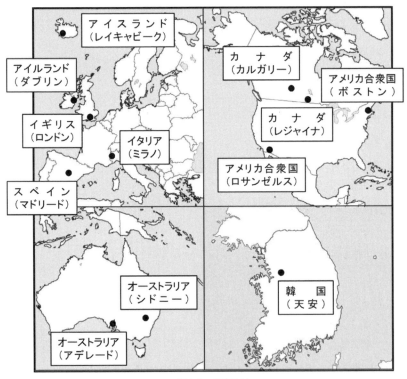

視察先の国(都市)

第 1 章

アメリカにおける
知的障害者の大学進学

1 アメリカの大学視察の目的

　2014年春、海外の高校卒業後の知的障害者たちの生活状況についてインターネットで情報収集をしていた私は、アメリカのTHINK COLLEGEのウェブサイト（http://www.thinkcollege.net/）に出会い、大きな衝撃を受けた。アメリカでは2008年の高等教育機会均等法（Higher Education Opportunity Act）改正後、急激に一般大学が知的障害者を受け入れるようになったというのである。2018年度現在、全米ですでに約270大学が知的障害者を受け入れ、今後もさらに広がりつつあるという（図1-1）。

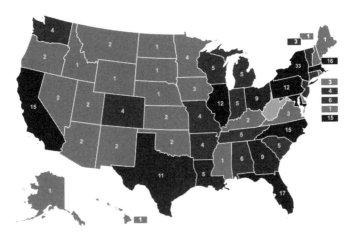

アラバマ州（6）　　インディアナ州（5）　　ネブラスカ州（1）　　サウスカロライナ州（5）
アラスカ州（1）　　アイオワ州（3）　　　　ネバダ州（2）　　　　サウスダコタ州（1）
アリゾナ州（2）　　カンザス州（2）　　　　ニューハンプシャー州（1）テネシー州（5）
アーカンソー州（4）ケンタッキー州（2）　　ニュージャージー州（6）テキサス州（11）
カリフォルニア州（15）ルイジアナ州（6）　　ニューメキシコ州（1）ユタ州（2）
コロラド州（4）　　メーン州（1）　　　　　ニューヨーク州（33）　バーモント州（3）
コネチカット州（4）メリーランド州（15）　　ノースカロライナ州（15）バージニア州（3）
デラウェア州（1）　マサチューセッツ州（16）ノースダコタ州（1）　　ワシントン州（4）
フロリダ州（17）　　ミシガン州（5）　　　　オハイオ州（8）　　　ウィスコンシン州（5）
ジョージア州（9）　ミネソタ州（4）　　　　オクラホマ州（2）　　ワイオミング州（1）
ハワイ州（1）　　　ミシシッピー州（1）　　オレゴン州（2）
アイダホ州（1）　　ミズーリ州（4）　　　　ペンシルバニア州（12）
イリノイ州（11）　　モンタナ州（2）　　　　ロードアイランド州（3）

　図1-1　州名の右の（ ）内の数字が知的障害者を受け入れている大学の数。2018年時点で269校に達している。　　　（出典：https://thinkcollege.net/college-search）

日本で知的障害者が、「学問の府」とされる大学でキャンパスライフを送る様子を想像するのは容易ではない。ウェブサイトでこの事実を知ったときは、まさに目から鱗が落ちたようであった。

　こうした状況のなか私は、アメリカの大学の知的障害者受け入れの現状を知り、知的障害者を受け入れているプログラムの内容などについて関係者から話を聞きたいと考え、2014年10月28日から11月4日までの8日間、ゆたかカレッジの運営を中心的に担っている4人の職員とともにアメリカ・マサチューセッツ州の州都ボストンに滞在し、大学視察を行った。

　今回の米国視察の目的は、特別支援学校高等部を卒業した知的障害者の多くが大学に進学しているというアメリカの現状をこの目で見て確認するとともに、その歴史、制度、教育内容などについて学び、今後の日本の知的障害者の高等教育のあり方について検討するための調査である。

　私たちは、マサチューセッツ州教育界全体の障害者の受け入れと移行に関する「Transition Matters Conference（移行に関する会議）」に参加した。会議には、障害児教育関係者、障害者福祉行政関係者、研究者、福祉サービス事業者など総勢500人ほどが参加していた。

　本来この会議は部外者の参加は想定されていないが、会議の主催者ICI（The Institute for Community Inclusion：コミュニティ・インクルージョン研究所）の厚意により、私たちは特別に参加を許可された。

　この会議への参加は、米国の知的障害者の移行支援教育で先端をいくマサチューセッツ州で現在、どのような実践、計画、試行錯誤などが行われているかを知る絶好の機会となった。私たちはICI代表による基調講演のほか、知的障害者の大学教育に関連する二つの分科会に参加することが

写真1-1　Transition Matters Conference（移行に関する会議）の様子

できた。

　また滞在中、実際に知的障害者を受け入れているレズリー大学とマサチューセッツ州立大学ボストン校を訪問し、知的障害者の大学における支援プログラムについて説明を受けた。さらに、知的障害者の大学進学を全米において中心的に推進しているプロジェクト「THINK COLLEGE」のリーダーにもインタビューすることができた。

　さらに、全米で最も進んでいるというニューイングランド地方のみならず、西海岸では知的障害者の高等教育は、どのような現状なのかを知ることで、アメリカの現状をさらに詳しく知りたいと思い、ボストン訪問の3か月後の2015年1月に、カリフォルニア州ロサンゼルスを訪問した。

　そこでは、4万人の学生が在籍しているという大規模総合大学「カリフォルニア州立大学ロサンゼルス校」（UCLA）、地域密着型の小規模大学「北オレンジ郡コミュニティカレッジ」、そして、ハリウッドにある映画制作などのデジタル映像技術を学ぶ自閉症や発達障害の若者たちのための専門学校「エクセプショナル・マインズ」の3校を視察した。

２ アメリカにおいて　知的障害者の大学進学が進んだ経緯

(1)アメリカにおける知的障害者の大学進学の背景

　アメリカでは、1990年にADA（Americans with Disabilities Act of 1990：障害をもつアメリカ人法）が制定された。これにより雇用、交通機関、公共施設の利用、言語・聴覚障害者の電話利用など、あらゆる分野で障害者への差別を禁じるとともに、機会平等を保障し、平等の機会を与えないことは差別であるとして禁止されている。

　ADAには、特別支援教育の対象となる生徒は高校卒業後も、必要であれば22歳まで教育を延長することができる、と規定されている。したがって米国の知的障害者などは、18歳で高等部卒業の準備ができていれば大学進学という選択肢もあるが、そうでない場合は22歳までトランジション（移行）

期間として、さらに高校でライフスキルなどの授業を受けることができるのである。

また、連邦政府の法律で特別支援教育を受ける対象となっている生徒は、その後の社会に出るためのトランジション教育を14歳から22歳まで受ける権利を有している。そしてこのトランジション教育において達成しなければならない分野が三つある。

その一つが学問教育であり、授業のなかで具体的にさまざまなことを学ぶ。二つ目が移行支援であり、卒業後の進路として就職あるいは上級の学校への進学のための教育である。三つ目が自立スキル教育であり、コミュニティに溶け込んで自立した生活を送るための教育である。

アメリカにおける知的障害者の大学進学はこのように、ADA成立後に実践的に発展してきた特別支援教育を土台として誕生した。

したがってアメリカでは現在、特別支援学校高等部の卒業後、高等部を延長するという選択肢、高等教育機会均等法改正により可能となった高等部を卒業し大学に進学するという選択肢、そして最長22歳まで高等部の在籍を延長しながら同時に大学の授業も受ける「二重学籍」の、三つの選択肢が存在している。

(2)高等教育機会均等法改正の経緯

1997年から99年にかけてICIは、アメリカ連邦政府から助成を受けて、学習障害のある人たちの大学進学のプロジェクトを立ち上げ、プログラムを開始した。そのプログラムは、マサチューセッツ州内の5つの大学と提携し、そこで学習障害や知的障害のある学生たちを大学に受け入れるというものであった。

その後、プログラムの効果を測定するためにさまざまなリサーチを行った結果、このプログラムが障害学生たちにとても大きな効果をもたらしていることが明らかになった。

そこでICIは、それらの有益な成果をワシントンDCにいる連邦議員たちに報告し、このような取り組みをさらに積極的に広げていくよう働きかけた。

第1章　アメリカにおける知的障害者の大学進学　23

その対象は、全米ダウン症協会を主宰している政治家や障害者福祉に熱心な上院議員、下院議員などである。こうした活動を通じて、高等教育機会均等法を改正し、知的障害者に対しても大学の門戸を開くよう積極的に働きかけたのである。

このような地道な活動が次第に大きな運動になっていった結果、同法は改正された。この法律改正には民主、共和両党が賛成し、全会一致で成立した。アメリカ連邦議会では提案した案件に両党が互いに反対する傾向が強く、全会一致は非常に珍しいケースであった。

法律改正案を通した経緯はまず、共和党のハーパー上院議員と民主党のホーキン上院議員の2人が組み、この改正法案を通すことを目的として議会内に委員会を立ち上げた。この委員会は、教育に対して前向きで熱心な議員たちで構成された。

それとともにICIをはじめ各居住地域で草の根運動として、このプロジェクトに関わってきた人たちが、今度は全米を舞台に、障害当事者の家族や教育関係者、福祉関係者など広範な人々に法案改正を働きかけていった。彼らは、地元の上院議員や下院議員に電話や手紙、Eメールを送り、「こういう運動が盛り上がっているので、ぜひこの法案を通してください」「この法律は障害者にとって絶対に必要です」などと熱心に訴えていったのである。

このように、政治家サイドからのトップダウンと、地域の草の根運動からのボトムアップの両方から法案成立に向けた運動を行うことで、最終的には全会一致で法案が成立したのである。

ICIに勤務するDebra Hart（デブラ・ハート）氏は、知的障害者の大学進学を制度化した中心的人物の1人である。彼女がこのような運動を始めたきっかけは、ある障害児とその母親との出会いであった。

写真1-2　インクルージョンプログラムを開始したICIのDebra Hart氏と（右から3番目）

彼女は1993年頃すでにICIで仕事をしていたが、当時ある幼稚園児の母親から相談を受けた。その幼稚園児には重度の身体障害と知的障害があり、かなり不自由な生活を余儀なくされていたが、自分で何かをしたいというモチベーションはとても大きい子どもであった。

　母親は、障害のあるわが子を小学校の健常児のクラスに入れることを希望した。ハート氏は、その母親の希望を叶えるために支援をした。学校と交渉し、行政から補助金を得て補助教員をつけることに成功し、その子は健常児のクラスに入ることができた。

　その子はその後、高校までずっと健常児のクラスで過ごした。そしてハート氏は彼が高校卒業を間近に控えた頃に、その母親から再び相談を受けた。

　「自分の息子は、先生のおかげでずっと一貫して健常児クラスで学ぶことができた。だから、この子が高校を卒業したら、次はぜひ大学に行かせてやりたい。本人もすごく向学心がある。知的障害のあるわが子を大学に行かせるためにはどういう方法があるでしょうか」

　ハート氏はいった。

　「いまアメリカで知的障害者が行ける大学は皆無に等しいけれども、息子さんのために自分が調査して、知的障害者の大学進学のモデルをつくってみましょう」

　これがこの運動のそもそものきっかけであった。

　1997年に連邦政府からの補助金がついて、大学における知的障害者のためのインクルージョンプログラムを3年間行い、見事に成功した。そこで2000年頃より全米各地でこのプログラムを開始する準備を始め、これを研究事業として各地で展開してデータ収集を進めていった。そのような取り組みを行っていくなか、「知的障害者の大学進学」という考え方が徐々に拡がっていったのである。

　障害者運動はしばしば、障害者の両親が「息子や娘の願いをかなえてやりたい」という思いをきっかけに、それが推進力となって前進することが多い。ワシントンDCには障害者支援団体などの全米の事務局が多く存在する。それらの団体で働いている女性たちの多くは、障害のある子どもの母親である。

第1章　アメリカにおける知的障害者の大学進学　25

ICIは、このような女性たちの支持や共感を得ながら積極的に、団体の会員に対してさまざまな教育研修やトレーニング、あるいはテクニカルアシスタントなどを行っている。

なかでもICIは「教育のユニバーサルデザイン」を強く重視している。「教育のユニバーサルデザイン」とは、障害学生のために特化された授業を行うのではなく、障害のある学生も健常の学生も、両者にとってわかりやすく楽しい授業を行うということである。ICIは、教育のユニバーサルデザインとしての教授法について、大学の教師などにも指導を行っている。

大学の教員は専門分野のエキスパートではあるが、学生に対して授業を行う教師としての正式なトレーニングを受けていないのが一般的である。そのような大学の教員は、障害のある学生が授業に来ると、その学生たちのほうが一般の学生たちよりも熱心に授業を受け、宿題もきちんとすることに感心する。

また健常者の学生たちは、自分たちよりも苦労しながら学んでいる知的障害学生たちを見て、自分たちもしっかりしなければとやる気を出し、そのことがクラス全体のレベルアップにつながるという。

さらに、障害がある学生たちががんばって授業を受けている姿を見ると、健常者は「この人たちの人権を守るために、自分たちにもできることはやろう」と支援者になるという。

アメリカでは幼稚園の年長組から高校3年生までが義務教育であるが、幼児期からインクルージョンを熱心に進めていても、中学3年生になると障害がある子どもたちは分離されたクラスで授業を受ける。そのため、せっかくうまくいっていたインクルーシブな状況が逆戻りしてしまう。

高校では普通の授業についていけないだろうからと、知的障害のある学生たちは健常の高校生と分離されている。その彼らが大学で授業を受けているのを見た高校の教員たちは、「彼らが大学に行くことができるのなら、自分たちが高校で教えられることをもっと教えて、健常者のクラスに溶け込ませておいたほうが、彼らにとっての大学入学後の学生生活がより容易になるのではないか」という考えをもつようになるのである。

したがって、知的障害者が大学に行くことが、逆にその前段階の教育に大きく影響を与えつつあるという。

　2014年現在、知的障害者を受け入れている大学は全米で約250校であるが、ICIでは、今後もっと受け入れ大学を増やし、最低でも知的障害者の受け入れ校を、全米でいまの2倍以上に増やしたいと考えている。

　知的障害者に対する教育はこれまで、自立することや仕事のためのスキルを身につけること、就職することに力を入れてきた。そのため高校では、座学中心のクラスから分離させられ、ワークスキルの授業ばかりを受けざるを得ないというのが知的障害者の状況であった。

　これについてハート氏は、重視すべきは生涯学習であり、ライフスキルやワークスキルを身につけることも座学によるアカデミックな知識の習得も同時に必要で、いずれか一つだけを選択するべきではないのではないか、という。

　大学のキャンパス生活のなかで、授業を受けること、サークルに所属して活動すること、あるいはランチルームで食事をすることなどさまざまなところで、自分にとって必要なライフスキルは培われる。学生寮で料理の仕方を覚えるなど、自分で選択して行った結果を自ら体験する。そのなかには、成功体験もあれば失敗体験もある。自分の決めたことがいい結果に向かうこともあれば、逆に悪い方向に向かうこともある。そこで人間的な成長や成熟が出てくるのである。

　障害学生たちも、実際にさまざまなことが起こっている現実の世界で体験して学んでいる。特に、ソーシャルスキル（社会生活を送るための技術）はまさにそうである。そのようなことこそが非常に重要で、こうしたことは授業で教えられるものではないのである。

3 アメリカにおける 知的障害者の大学進学の現状

⑴大学における知的障害者受け入れ状況
　大学の入学試験の内容は、プログラムごとに異なっている。マサチュー

第1章　アメリカにおける知的障害者の大学進学　27

セッツ州の場合、多くの大学で対象となる障害者は、高校で通常の卒業証書を得ておらず、特別支援教育を受けたことの証明となる高校修了書を取得している。

また入試にあたっては、授業を受けるだけの学力があるかなどのテストや審査は一切行われない。ほとんどの学生は知的障害があるため、そうした条件があると最初から排除されてしまうからである。

高等教育機会均等法には、障害者に対する連邦政府からの授業料の補助制度が規定されている。法律は、大学進学を希望する人が誰でも大学に通うことができることを志向している。そのような法律の主旨にもとづき、大学側も入学を希望する障害者については、通常の高校の卒業証書の取得を必須としないことにしている。

入学試験で学生たちは、書類審査だけで選考される。このプログラムの対象となる障害者は、入学試験を受けるときはまだ高校に在学している。そこでIEP（Individualized Education Program：個別の教育計画）のチームは、その生徒の高校在学中に、大学進学の希望を事前に確認した上で大学の見学などを案内し、実際の大学の様子、勉強する環境、授業内容などを把握できるようにする。その上で本人が行きたいと決断した場合に、その希望に合わせてIEPのチームが学生といっしょに入学試験の手続きを行う。

一方、高校を卒業した22歳以上の大人の知的障害者が、大学に行って勉強したい場合には、各居住地域の障害者福祉のオフィスやプログラムコーディネーターなどが、IEPのチームの代わりとなって入学試験の手続きをする。

大学入学希望者が定員数を上回った場合は、不合格者が発生することになる。その場合、不合格となった人は、ほかの大学を再度受験することが可能である。

知的障害学生の入学定員は、おおむね大学に所属する全学生数の1％程度と規定されている。全学生数が1,500人の大学であれば、知的障害学生の人数はおおむね15〜20人程度である。これは、あまり多くの知的障害者がいると、授業がうまく進まないことを考慮しての人数である。

アメリカ国内には知的障害者を大学に受け入れるためのプログラムが数多く存在するが、それらは主に三つのタイプに分かれている。

　一つは「完全分離型」のプログラムである。一般の学生の授業と知的障害者の授業とを完全に分離する方法である。レズリー大学のThtrshold Programなどがこれに該当する。そして、アメリカで知的障害者受け入れている大学の75％が、この分離型である。すなわち、学業は分離教育で行われ、一般学生との社会的交流は別の場面で対応している。

　二つ目のタイプが、完全に大学のなかに溶け込んでいる形の「完全統合型」である。そこでは、授業を知的障害者だけで別の教室で受けたり、あるいは分離されたところで活動したりすることは一切なく、完全に一般の学生といっしょに授業を受ける。このプログラムの最大の目標は、学生が卒業して就職し、健常者の社会で自活できることをめざしているために、大学生活においても完全にインクルーシブな環境設定を行っているということである。

　したがって大学では、学生が授業を受けることによって、卒業したときには就職が決まり、プログラム終了とともに自活できるという目標にもとづいて、アドバイザーとともにどのような授業、単位を取り、職業に応じた単位構成をするかという計画を立てている。

　なお、「完全統合型」のプログラムにおいて知的障害学生の場合、大学の平常の授業を受けるときは、試験を受けて単位を取得することが困難なため、単位取得の必要がない聴講生として授業に参加している。聴講生だと成績もつかず単位も取得できない。

　三つ目のタイプが、「完全分離型」と「完全統合型」の中間に属する「分離・統合折衷型」である。そこでは、事前に知的障害者が受けることが可能な授業として規定されたスポーツ、音楽、芸術などいくつかの授業については、一般学生といっしょに受講するコンビネーション単位があり、それ以外は知的障害者だけのクラスで授業を受けるという形態である。

(2)アメリカ全土における大学の知的障害者受け入れの全般的状況

　マサチューセッツ州は、知的障害者の大学受け入れが全米で最も進んでい

る州の一つであり、大学に通う知的障害者の数も多い。しかしアメリカ全土を俯瞰的に見ると、実際にはまだまだ少ない。東海岸と西海岸で大学進学者は比較的多いが、中央部でこのような動きはまったく起こっていない。日本と比較する限り、アメリカで知的障害者を大学に受け入れるプログラムは多くの大学に存在するが、国内的にはまったく足りていない状況がある。

THINK COLLEGEが運営するNCC（National Coordinating Center）を通じて、連邦政府からの補助金を受けて、THINK COLLEGEプログラムを導入しているところが27か所あり、23州にまたがっている。

図1-2　THINK COLLEGEのプログラム導入のための補助金を受領している州

これらの大学はNCCにより、1年間の取り組みに関して毎年、評価システムにもとづく評価が行われる。この評価は、高等教育機会均等法により支給される補助金、あるいはTHINK COLLEGEやICIが活動するために支払われる補助金を受け取るための前提条件であり、各大学は評価結果を連邦政府に報告することが義務づけられている。

また、それらのプログラムがどのような品質で行われているかなどの内部監査も義務づけられており、自らの活動を監査し、その結果を連邦政府の予算委員会および監視委員会に提出、報告しなければならない。そうしなければ、補助金を受け取ることができないのである。

そこで問題になるのは個人情報である。THINK COLLEGEが関わっている学生の評価をまとめる際は、性別、出身地その他の個人情報は記録に記載されないが、ほかのいろいろな情報源を見ると個人の特定が可能になってしまう。そのため、評価システムの結果は一切公表することができなくなっており、連邦政府の個人情報守秘義務となっている。

ただTHINK COLLEGEはこの27のプロジェクトに関して毎年、年次報としてホームページで公表している。すでに初年度と2年度の内容はホームページに掲載されている。

またほかの州も、THINK COLLEGEが制作した評価システムを有料で利用している。利用しているのはカリフォルニア州、サウスカロライナ州、ジョージア州、そして、ペンシルバニア州である。これらの州から報告されるデータと、THINK COLLEGEが包括している27のプロジェクトの結果とを比較し分析なども行い各大学の取り組み等について調査・研究を行っている。

知的障害者が大学の授業に参加することにより、教員たちは自分の指導技術が向上したと答えている。ほかの学生の感想でも、知的障害学生がいることで授業がわかりやすくなったとか、自分たちのためになったと語られている。そのため教員たちが、知的障害のある学生たちに、自分の授業に参加するよう勧める姿も見られるようになったという。

こうして、これまで知的障害者や自閉症などには「何もできない」「レベルが低い」などのレッテルが貼られていたが、次第に見方も変わってきて、知的障害者に対する期待度やとらえ方はかなり向上してきているという。

また、学生である知的障害者自身にも大きな変化が見られるようになった。すなわち、以前は「自分は知的障害者だから」と自尊感情が低かった学生が、「自分は大学生である」という自覚と誇りをもつようになり、自分自身に対するとらえ方が大きく変わって自尊心が育ってきているという。それとともに、本人の人間的な成熟度が大幅に向上している。これはほかの健常者といるからこそ起こり得ることであろう。

こうしたなか、雇用率の増加やインターンシップの実習が増えるなどのデータ化は可能だが、人間的に成熟し各学生が成長して一人前の社会人に

なっていくということに関しては、明確化し得る測定、評価の手法が見つからないことが課題だということだった。

THINK COLLEGEでは現在この課題について研究しており、本人の状態を動画で撮影し記録することで明らかにする方法を模索しているという。たとえば、何か同じようなことをして、どういう変化が出てくるかを時系列に記録してデータとして保存し、それらを比較検討して成長を明らかにするということである。しかしながら、このような手法は人権保護の観点で問題を抱える可能性もあり、今後さらに検討していきたいということであった。

(3)マサチューセッツ州における大学の知的障害者受け入れの状況

マサチューセッツ州には大学が合計66校ある。そのなかで知的障害者を受け入れている主な大学は、以下の通りである。

- ・Westfield State University
- ・Holyoke Community College
- ・UMass Amharst
- ・Middlesex Community College
- ・Bunker Hill Community College
- ・Roxbury Community College
- ・MassBay Community College
- ・UMass Boston
- ・Bridgewater State University
- ・Cape Cod Community College

なお、マサチューセッツ州では865人の知的障害者が大学に通っており、知的障害学生の年齢層は18歳から53歳、平均年齢は20歳である。男性6割、女性4割、知的障害者のうちで大学に進学している人は全体の22％である。

知的障害学生の居住の場として、州内に14か所の知的障害学生のための学生寮が完備されている。また知的障害学生の7％が自宅から通学しており、

その他の学生の多くは障害のない一般の学生といっしょに学生寮で生活している。

4 大学における知的障害者受け入れの具体的な取り組み状況

(1) レズリー大学「Threshold Program」

レズリー大学では1981年に、知的障害者教育のセクションを担うThreshold Programが確立した。そのプログラムを創設し今日まで中心的に管理・運営してきたのが、Arlyn Roffman（アーリン・ロフマン）氏である。

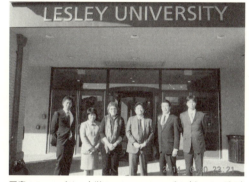

写真1-3　レズリー大学のArlyn Roffman氏と（左から3番目）

当時は、全米でも知的障害者が大学に進学するという選択肢はまったくない時代だった。そこでレズリー大学では、知能指数が60〜70の人を対象とした大学受け入れプログラムに取り組んだ。

このプログラムは、年を追うごとに改良されているが、基本的な内容は現在も当時と同様である。このプログラムの主たる対象は知的障害者と発達障害者であるが、それ以外にもてんかんの発作がある人、聴覚障害者、身体障害者なども含まれている。レズリー大学には、教育年限を2年間とするプログラムに毎年24人の学生が入学している。

レズリー大学が、知的障害者を受け入れた最大の目的は、知的障害者に大学生活を体験する機会を提供することだった。

大学での教育プログラムの実施において、彼らには独自のスペシャルニーズがあるため、一般の大学生とは別のクラスを編成する「完全分離型」である。そこでの授業の内容は、主にお金の管理や調理、自分の自由時間を計画

立案して楽しく過ごすなどライフスキル向上に関する学習や、就職のための就労スキルを身につけることである。

一般の大学生とクラスは違っても、キャンパスでさまざまな学生たちと学び交流することを重要な課題として取り組んできた。たとえば、ほかの学生たちといっしょにカフェテリアなどで食事をしたり、ジムに行っていっしょに運動をしたり、学内の演劇部やコーラス部に所属し、いっしょの活動に参加したりするなどの交流が見られる。

このような Threshold Program のいいところは、学生たちが自分と同じ境遇の友達をつくることができ、授業で自分と同じ境遇の学生たちの行動様式などを互いに学び合う機会があることである。

もう一つのメリットとして、教員が障害のある学生たちに対する教育方法などについての専門的な訓練を受けているため、指導が非常に上手なことがあげられる。このプログラムに参加する学生にとっては、彼らのニーズを理解している教員たちによって、彼らの今後の生活などに必要な授業を非常に綿密に受けられる利点がある。

一方大学にとっては、障害のある学生たちをキャンパス内に迎え入れ、障害者と健常者が互いに交流する場を提供することにより、社会的なつながりで人権教育やインクルーシブな社会の構成員として、一般の学生たちを育成することができるメリットがある。

たとえば、健常の学生と知的障害のある学生とがキャンパス内で直接的にふれあうことで、「怖い」とか「近寄りがたい」「関わりたくない」などの偏見や差別意識が解消するとともに、障害がある人も自分たちと同じ人間なのだという認識を高めるのに役立っている。

また、実際に知的障害のある人と接する際の接し方についても学ぶ機会となっている。たとえば、相手の目を見て話す、できるだけ身振り手振りを使って話す、会話のきっかけ、話の始め方など、知的障害者とのコミュニケーションの取り方などについて体験的に学ぶ機会になっている。こうした体験的な学びは、将来の職業生活、社会生活においても、知的障害者と関わるときに役立っている。

また、Threshold Programでは、知的障害者に対する教育や支援に関する専門家であるメンター（指導員）がプログラムに位置づけられており、プログラムに所属している知的障害学生の状況を常に把握し、知的障害学生を担当する教員に適切な助言や指導を行っている。

　メンターは、学生の大学卒業後も、彼らが地域社会に溶け込んで健常者たちとうまくコミュニケーションが取れているか、料理や通勤など大学で学んだライフスキルを生かしてアパートで問題なく生活ができているかなどについて状況を確認し、必要に応じてアフターケアを行っている。

　このように、Threshold Programの特徴の一つは、大学卒業後の充実した社会生活の確立を想定して学んでいるということである。

(2)マサチューセッツ州立大学ボストン校「THINK COLLEGE Program」

　マサチューセッツ州立大学ボストン校（UMass Boston: University of Massachusetts Boston）も知的障害者を積極的に受け入れているが、前項のレズリー大学とはまったく異なる形態を取っている。UMass Bostonでは知的障害者だけのクラス編成や授業は行っておらず、知的障害学生たちは、自分の興味ある内容を教えている一般の授業に参加して学んでいる。

　この大学に進学する知的障害者のほとんどは、障害の程度が軽度であり、日本では知能指数が70以上の「境界」とされる人たちである。大学には、彼らの学生生活をサポートしている障害学生サポートセンターが設置されており、障害学生たちのさまざまな相談に乗ったり、周囲との調整を行ったりしている。たとえば、周囲に人が多くて騒がしい状況が苦手な学生は、授業と授業の合間にサポートセンターを訪ね、自習をすることも可能である。

　また高校卒業資格がない

写真1-4　UMass Bostonにて意見交換の様子

ために、授業に来ても単位を取得できない学生もいる。大学側はそうした学生にも、単位が取れなくても学校に来てキャンパスライフを送ってほしいと願っている。

その理由の一つは、大学に入るまでの学齢期がずっと特別支援教育の対象で、学校でも知的障害者とばかり関わってきた彼らに、大学で初めて同年代の一般の学生たちとの接点ができることである。そのことの意義はとても大きく、大学で一般の人との関わり方を学んだり、一般の生活様式を学んだりすることは、卒業後の社会生活に大きく役立っている。

また健常者の側も、日常的に大学のキャンパス内で知的障害者と自然な形でふれあうことは、知的障害者に対する誤解や偏見を取り除く上で大きな意味をもっている。

大学に知的障害のある学生が入学して来ると、サポートセンターではまず、その学生が何に興味があり、どの授業を受講して何を学びたいのかなどについて確認をする。その上で、その学生に適する授業を選択し、授業担当教員に、受講を希望している学生の状況や要望を報告する。さらに、その学生に応じた教育や支援の方法等についてのアドバイスをしたり意見交換をしたりするなかで、教員は、授業の内容や進め方などについて調整を行うのである。

たとえば「クリエイティブ・ライティング」という詩や文章、小説などを書く英語の授業がある。それぞれの授業にも難易度によって段階が分かれており、知的障害学生は導入段階としての最も初歩の授業を、聴講生として登録する。聴講生とする理由は、正規の受講生として成績がつく形で登録すると、学生本人にとって大きな負担となってしまうからである。教員にとっても、知的障害のある学生に成績をつけるのにはためらいもあるようだ。

こうして学生個々人の受講登録が終了し、授業を受け始めることによって、各学生は大学生として学内のコミュニティの一員となる。

学生たちはその後、学生センターで学生証の発行手続きを行い、学生証を受け取る。学生証を提示することで、学生たちはキャンパス内でさまざまなサービスやアクティビティへのアクセスが可能となる。サポートセンターで、自分が必要とするさまざまなサポート、たとえば個別の補助教員を要請する

ことなども可能である。

スポーツ関係であれば、プールやバスケットボールコート、あるいは競技場などの使用が可能となり、その他さまざまなアクティビティやサークル活動に参加することが可能となる。

音楽に興味のある学生は、音楽機材等の設備が大変充実しており、そこでドラムやピアノ、歌のレッスンなどの受講も可能である。日本に興味があるからいつか日本に行きたいと日本語を学んでいる学生もいるし、それまで泳げなかった学生が、水泳の授業を取ることによって泳げるようになるケースもある。

このように、本人が自覚して自由にさまざまな活動ができるようになっていく。さらに「自分が新しく何ができるか」という自分自身の再発見にもつながるのである。

また、さまざまな交通機関の利用方法を学ぶ「トラベルトレーニング」という授業があり、それを受講することで電車の乗り方なども習得する。学生たちは、自宅や学生寮から電車で最寄りの駅まで来て、そこからシャトルバスで学校まで来て授業を受けて帰ることが可能になり、次第に行動範囲が広がっていく。電車やバスを乗り継いでボストン美術館などに自分で調べに行ける学生も増えてきている。

学内には、知的障害学生に対する支援方法として、学生同士によるサポートシステムが存在する。これは健常の学生と知的障害学生とがペアリングを行い、一般学生は障害学生のメンターとして、1対1で週に最低1回、1時間ほどいっしょに過ごす時間を設けることになっている。

そこでは、たとえばコーヒーを飲みながら、あるいはキャンパス内を散歩しながら、さらには授業を受ける教室内などで、学友とさまざまなことを話し合う機会ができる。おおむね同じ年頃の学生がメンターとしてペアになり、そこからメンターの紹介でほかの友だちの輪に入ることなどにより、多くの学生が知的障害学生に対し、どのようなところで、どのような援助が必要かなどについて理解できるような仕組みをつくっている。

そのような環境設定をすることで、障害学生たちが学生生活で困ったとき

第1章　アメリカにおける知的障害者の大学進学　37

などに、サポートセンターのオフィスを頼るだけでなく、キャンパスのほかのところにも自らの居場所をつくるようにしているのである。

　こうした取り組みは、知的障害学生にとって非常に有効に機能しているという。実際、知的障害のある学生たちの通常の行動や反応は、同じ年頃の健常の学生と共通している部分も少なくない。

　たとえば、入学当初は授業に行くのに緊張したり、ある授業は好きだがほかの授業は嫌いであったり、始業時刻に間に合わず遅刻したり欠席したりするなどの行動は、ちょうど高校を卒業して入ってきた健常の新入生とほぼ一致している。

　大学で何学期も過ごしていると、学生たちには、入学当初と比べて大きな成長が見られる。初めは自信がなくおどおどして何をしたらいいのかわからなかったのが、「自分にもこんなことができる」と自信をもち、さらには自立心や独立心が旺盛になる。それにつれて、初めは人前で話すことをためらっていた学生も、首都ワシントンなどに行って大きなステージで堂々と１人で発表することさえできるほどに自信をもったり、独立心をもったりしている。

　クラスの教員やほかの学生たちも、知的障害学生がいることによりさまざまな恩恵がクラスに働いていると語っている。たとえば教員たちは、普段の普通の学生から返ってくる質問や意見とは異なる視点からの意見などが出されるという。普通の常識では考えられない発言によって、ほかの学生たちはより広範にものごとを考えさせられるようになったり、教員も「こういう見方もあるのだ」と知る機会になったりするという。

　たとえば詩の授業で、一般の学生たちは体裁よく格好をつけた作品を作り出そうとするが、知的障害学生は体裁などに構わず、思ったことをストレートに表現する。これは荒削りではあるが周囲への説得力や感動をもたらすことが多く、それにより「本当の創作活動というのは、こういうものなのだ」と新たな発見に心躍らす学生たちも少なくないという。

　単位が取れず学位も得られないが、授業を取ることでこのようにして、就職に有利に働くようなスキルを身につけるのである。それらはいわゆる「ソフトスキル」というもので、自信をもつことや自分が自立して、いろいろな

行動ができるようになることは将来、仕事をする上でとても重要なことなのである。

また大学では、学内でアルバイトをして働いている知的障害学生も少なくない。さまざまな事務の補助業務や、キャンパス内にある植物園の管理・清掃など、さまざまな業務を行っている。こうした労働に対しては、賃金を支払うために学内の予算や他団体からの寄附金などが活用されている。

このように雇用関係を結ぶメリットの一つは、それにより学生たちがより頻繁にキャンパスを訪れ、より多くのことをほかの学生たちから学ぶ機会が増えることがあげられる。

アメリカでは今日、知的障害者が福祉作業所で単純作業をするのではなく、一般の健常者といっしょに仕事ができるような雇用体制にしていこうとする動きがあり、福祉作業所は徐々に閉鎖されつつある。

このようにインクルーシブな社会をつくる上で、THINK COLLEGEが中心的に取り組んでいる、大学が知的障害者を積極的に受け入れる事業は、まったく新しい今日的な取り組みである。レズリー大学やランドマーク大学、バーナーミューザー大学などでは、知的障害学生を積極的に受け入れるために、1人あたり200 〜 300万円のコストをかけて、知的障害者のための学生寮を建設している。

各大学は、できるだけ積極的に知的障害学生を受け入れるべくハードルを低くして、たとえ単位は取れなくても知的障害のある学生たちが一般の学生といっしょに学ぶ機会を得て、双方に恩恵があるようにしている。

アメリカには「コミュニティカレッジ」という、公立で学費が安く入りやすい大学がある。そうしたところでもインクルージョンのクラスが増えてきている。コミュニティカレッジの場合、通常の総合大学に比較して学問的な大変さがある程度軽減されており、学生たちの興味がある授業や趣味的な授業もあるため、知的障害学生を受け入れやすい状況がある。

マサチューセッツ州立大学など比較的規模が大きい大学では、1クラスの人数も多く、キャンパスも広くて授業の種類も多いなどの理由で、学生の状況によっては適応が困難なところもある。そのため学生が入学してきた段階

第1章　アメリカにおける知的障害者の大学進学　39

で、本人の希望と実際の授業の内容や環境がうまくかみ合っているかについても検討し、必要に応じて大学側で調整を行っている。

(3) 北オレンジ郡
　　コミュニティカレッジ

　北オレンジ郡コミュニティカレッジ学長のBob Simpton（ボブ・シンプトン）氏は、私たちのインタビューに答えて要旨次のように説明した。

写真1-5　北オレンジ郡コミュニティカレッジのBob Simpton学長（右から3番目）らと

▎障害のある学生が
　キャンパスに存在してよい

　「コミュニティカレッジ」は、もともと「ジュニアカレッジ」（短大）といわれていた。「ジュニアカレッジ」は2年間で、終了後に4年制大学に進むための準備をするところだった。社会が変わっていくなかで、4年制大学に進むのではなく、地域（コミュニティ）の幅広いニーズに沿った教育を手軽に提供するようになり、名前も「コミュニティカレッジ」へと変わってきた。カレッジの位置づけの変化に伴い、自分たちが提供する内容も変わってきた。

　そしてその使命は、単にアカデミックなものだけを提供するにとどまらないことに気づいた。4年制大学に進むためのスキルを身につけるということから、大学進学のスキルや就職のためのさまざまな社会的スキルを身につけること、さらに学位を取る以外に個人の成長や興味にもとづく生涯学習や大人が新たに大学で学ぶニーズも出てきた。

　長年の間に、私たちの使命あるいは教育のコンセプトは大きく拡張した。そこで認識したのは、大学としてもっと幅広い義務が発生してきたということだ。

　特にコミュニティに対しては、さまざまな分野で対応しなければならない。コミュニティのメンバーがどのような背景をもっているか、人種的、年齢的

あるいは経済的、宗教的、そして障害の有無にかかわらず、本人の個々の能力を高めるための学びを提供しなければならない、という認識だ。そのために、自分たちが与える立場で学生の目標を決めていくのではなく、学生自身が目標を決めるようにしてきた。

障害のある学生はキャンパスに存在すべきか否か。当然、存在していい。大学が提供するなかから学生たちが、障害の程度にかかわらず恩恵を受けることができるならば、キャンパスにいるべきだ。コミュニティのメンバー、学生のすべてのニーズを満たしていくという使命を再認識した現在、重度の障害がある人たちに対しても同じコミュニティメンバーとして機会を与えるべきだ。

もちろん、障害のある学生のすべてがここで学位を取ったり4年制の大学に編入できたりするとは限らない。ある学生にとっては、特定の仕事や能力については不適当かもしれない。しかしそれは障害の有無にかかわらず、その仕事とか希望する何かができるかどうかは、この段階では決まっていない。

障害がある学生がキャンパスにいることの恩恵の一つは、私たちのアカデミックな活動の強化につながることだ。たとえば自分が自分と同じような人

写真1-6　コミュニケーションの授業でこの日は手話について学んでいる

第1章　アメリカにおける知的障害者の大学進学　41

間とだけつき合っていたら、自分と同じような視点でしか学ぶことができない。本科の学生たちが障害のある学生と交流することによって、より大きなファミリーとして多くのことを学ぶことができる。

私は学長として、学生がどれだけ高いところにのぼり詰めたかよりも、それぞれが精

写真1-7　調理実習の授業。メニュー決め、買い物、調理、喫食とすべて学生主導で行っている

一杯取り組んだいろいろなことを、数多くみんなで祝える場にしたいと考えている。

私たちの大学は、知的障害者を40年前から受け入れている。当時、それまで作業所でしていたことを、もっと勉強したいとキャンパスで一つずつ増やしていくことから始まった。

15年ほど前でも賛否両論があり、子ども時代から身近に障害者がいなかった人たちは、キャンパスに障害者がいることに驚いていたようだ。

あるときキャンパスの祭りのダンスパーティで、自分のクラスの障害のある学生が真ん中で踊っているのを見た。もしかしたらいじめにあっているのかと思ったら、みんなといっしょになって踊っているので驚いた覚えがある。こんなに溶け込んでいるのかと……。

現在のアメリカの若い世代は、小さなときからインクルーシブ教育で小中高とずっと知的障害のある子どもが同じ学校にいるので特別視しないし、「大学にも来られるようになったんだ」という程度にしか思っていない。だから友達として普通につき合えるようだ。もう少し上の世代は、だんだん慣れてきているとはいえ、少し障害者に対しての偏見はある。

取り組みを進めていくためには人間関係、人づき合いがとても重要だ。障害者を受け入れるとき、いろいろなところから抵抗があることも理解しておかなければならない。

また、適切なプログラムが必要だ。うまくいくものといかないものをしっかり把握しておかねばならない。大学側にあるいろいろな能力、設備、人材などと障害のある学生の資質能力とが、どこかでマッチするはずだ。

　アメリカには法律で、障害のある人たちの教育や生活への支援プログラムがある。教育の現場でも障害のある学生が入って来ると学校に補助金が出て、いろいろな機器や予算などがつく。受け入れに慎重な教授たちも、その学生の入学によって別予算で補助がついたり、身体的な障害のある学生には別の設備がついたりすることで、受け入れやすくなっている。

　いきなり知的障害者を受け入れるべきであるといっても、先生たちはなかなか積極的に受け入れようとはしないだろう。関係者を引き込んでいくことなど、周りの環境を整えていくことが重要だ。

　私たちはこの教育を誇らしく思っているが、ここに来るのに40年かかった。専門知識などをシェアするなどして、日本ではその期間をもっと短くしてほしい。

　強いモチベーションをもって推進していく人たちの存在が初めにあり、それをサポートしていくいろいろなところ、たとえば大学の教師たちや政治家、行政マンなどが加わってくることによって、取り組みは加速度的に進む。

▌プログラムの流れ

　学校と州政府との共同プログラムのゴールは、障害のある学生たちが仕事を探して、その仕事に持続して従事できるようにすることだ。このプログラムに参加するためには条件がある。18歳以上であること、この地域にあるコミュニティカレッジの一つに在籍していること、認定済みの障害があることだ。

　障害のレベルの幅はとても広い。これが一番重要な問題になってくる。プログラムはフリーサイズではなく、全部の学生にはあてはまらない。そこで個別化されたシステムをつくった。

　まず、学生がこのプログラムの対象であること、どのような方向で進めるかを確認する。そしてブートキャンプ（軍隊式トレーニング）という特訓コー

スのようなものがあり、終日の研修が行われる。非常にたくさんの内容を学ばなければならない過酷な研修だ。学生たちには次のように話す。

「この研修が終わってみんなが仕事探しの達人になることは期待していない。ただ、仕事に就くために自分が何をしなければならないか、何に努力を傾けなければならないかを理解できるようになることだ」

1日の集中研修のときに研修項目についてざっと説明し、その後に個々の部分についてもう少し掘り下げて話をする。

ブートキャンプ1日研修が終わると、ワークラボ（仕事演習室）というプログラムに進む。仕事探しに行く前に、リストの分を全部こなさなければならない。

たとえば30秒のコマーシャル。雇用主の「なぜ会社があなたを採用しなければならないのか」という問いに対する答えのようなものだ。また履歴書、カバーレター——履歴書といっしょに出すもので「私はこういう仕事を探していて、御社に合うはずです」というようなもの——の記述や面接のテクニック、地域的な調査などである。

地域的な調査とは、障害がある人たちの職場が家に近くないと、交通機関を利用しなければならず通勤が複雑になるから、できるだけ近場で仕事探しをすることだ。一番いいのはグーグルマップを使うこと。自分の住所付近を調査して、自分が求める仕事を探す。

それらが終わると、仕事に就くために次に何をすべきかを学ぶ。この過程でプログラムのほとんどの時間を費やす。このプログラムは、いま求職しているところや職探しの業者3社と協力しているが、学生たちも自分たちで職探しをしている。スタッフが仕事を探してくるのが50％、学生自身が仕事を探してくるのが40％だ。

学生が自分で仕事を探してくるのが一番の成功だ。というのも、学生たちに「仕事はあくまでも臨時的なもので、常に次の仕事を探せるような準備をしなければならない。人にやってもらうのではなく自分でやらなければならない」と常々いっているからだ。

就活をしている間も、ラボ（演習室）でいろいろなことを継続して学ん

いる。たとえば希望の職種を履歴書に記入しなければならないし、面接の練習をしたり実際の職探しをしたりする。私たちは学生たちの就職先がきちんと決まってほしいと願っているが、その成功率は非常に高い。

就職後もそれが長く続くように、学生と就職先の社長や上司とのコミュニケーションを図るようプログラミングしている。仕事を始めてから90日間はいろいろなサポートをする。90日間問題なく仕事ができれば、一応成功したということになる。

90日間のサポートは、誰かが仕事先に行って補助するものではなく、連絡を取って、障害のある学生がそこでうまくやっていけるよう、同僚や上司、マネージャーなどにアドバイスするものだ。90日が終わった時点で雇用主と学生に連絡し、うまくいっているか、今後も支援が必要かを尋ねる。その際、トラブルが続いているからサポートが要るという場合はその後もサポートは続く。時間が来たから終わりということではない。

これでうまくいっていても、昇進したり新しい部署に異動したりするなかでいろいろと問題が起こってくる。そういうときは学生や雇用主が連絡して来て、「状況が変わったのだけれども面倒をみてくれないか」となれば、ケースをもう一度オープンにしてサポートするようにしている。

▌自信につながるサポート

私はいつも言っていることがある。愛情の裏返しだが、誰に対しても「仕事をあげる」とはいわない。「仕事というのは自分で勝ち取るものだ」と言っている。

私はまず、一番やる気があって仕事がしたいという学生を優先順位のトップにする。やる気のない学生を差別するのではない。やる気のある学生が就職してきちんと仕事をすると、受け入れた企業の自信につながり、もっと障害のある学生を受け入れようという気になってくれるからだ。

もう一つ学生によく言っているのは、いま世間の目はまだ障害のある人の就職を気分よく引き受けてくれるところは少ないし、偏見をもっている人が多いから、「もし君が仕事をきちんとしなかったり問題を起こしたりすると、

第1章　アメリカにおける知的障害者の大学進学　45

それが障害のあるほかのすべての人たちが君と同じだと見られる。だから障害者を代表して仕事をしていると肝に銘じてするように」と。

仕事を探すのに一番有効なのはネットワークだ。学生を取り巻いている友人知已などに頼んで就職先がないかを探す。

もう一つは、情けで仕事をもらうのではなく、この学生はこういう価値をもっていて、この職場にこういうことをもたらすというセールスポイントをもっておくことだ。だから「何とか雇ってください」ではなく、そこを強く正直に「この学生はこういう資質があって必ず御社のプラスになるから使ってください」と私たちが代弁したり、あるいはそれを本人が言う。

また障害のある人は、これまで人より下に見られて自信がない人が多い。どうしても引っ込み思案で「自分はこれができます」と言わない。だから自信がもてるように本人の気持ちを切り替えて、「これができます」と言えるよう変えていくこともしている。

学生たちが自信をもてるように、具体的にはまず、ボランティアの仕事をする。卒業生を招いて、仕事での苦労話をしてもらったこともある。1対1でいろいろ話をして本人の才能や能力を探し出したりもする。また、学生の能力を低く見ず、これくらいできるのだと上に上に見ることも大事だ。

学生がプログラムに参加するときは、まず、それまでの学校生活や職歴、家族の様子などについて話を聞く。大学に来ての目標、仕事や人生の目標を確認し、大学のクラスへの登録の手伝いをする。授業についていくために、ノートを取るためにどういう補助をしたらいいかなど、いろいろな補助プログラムについて知らせる。

障害があるといってもかなり幅が広く、知的障害あるいは学習障害、自閉症なども含む。そういう学生たちにはさらに追加のサポートをしている。たとえば、友達や先生との対人関係などの問題をクリアするためのサポート、授業についていけなくてストレスを溜め「もうやめたい」となったケースへのサポートだ。こういう場合は原因を見極めてから、なるべくうまくいくようサポートする。

障害のある人はコミュニティのなかでサービスを受けることができる。コ

ミュニティからどのようなサポートを受けることができて、どのように活用すればいいかを理解できるようなサポートもしている。

　ほかのプログラム、たとえばワークアビリティ（就労能力）や職業訓練、仕事に就くための補助プログラムもあるので、それらの紹介をする。たとえば1人でアパートに入って生活したいという学生には、その手順を支援するサービスがあるので、そこを紹介している。

　このプログラムが終わって卒業するときには、このプログラムからほかのプログラムへの移行のためのサポートをする。学生たちは大学がすごく好きになって、「大学を離れるのがいやだ」といってくる。けれども卒業して次の段階に行く重要性を理解させ、次につなぐことが重要になる。

▌学内でのカウンセリング

　学生のいろいろな側面で、私が気に入っていることがある。このプログラムの学生は、一般の学生よりも非常にすぐれたところがたくさんある。毎日休まないで来て、遅刻や早退なしに一生懸命授業を受け、授業ではどんどん積極的に発言するし、授業を受けられるというだけで幸せを感じている。

　プログラムを成功させるために、相談役のカウンセラーがいて、学生と同じ立場に立ってサポートする。私はこのプログラムの部長という立場があるから、日々の運営や成績のことなどいろいろしている。学生がケンカをしたり授業についていけなかったりしたときなどに、相談していい助言や方向性を示してくれる人の存在は不可欠だ。

　カウンセラーになるためには、専門の領域で修士号をもっている必要がある。リハビリテーション、カウンセリング、心理学などだ。それと障害に関する現場で2〜3年の経験をしなければならない。自分のコアの科目で修士号をもっていない場合は、同様の研修や授業を何十時間も受けていることが条件となる。

　相談はいろいろだ。一番多いのは、仕事や学校の授業での自分の目標についてだ。ほかにも友人とケンカをしたとか仲が悪いとか、あるいは家族の問題だとか、ほかの学生や先生との間に問題がある、などがある。

第1章　アメリカにおける知的障害者の大学進学　47

たまに、学校をこういうふうに変えたいとか、こういうプログラムがあればいいとか、自分が考えたけれども次に何をすればいいかわからないとか……。あるいはコミュニティのほかの部門から「サービスを受ける資格がない」と拒否された場合に相談に来るとか、何かで恥をかかされて恥ずかしい思いをしたがどう対処したらいいのか、というものもある。

この大学や地域には学生の生活規範のルールがあって、「こういうことをすることを期待する」とか「こういう行動をとってはいけない」と言われる。たとえば、ほかの学生に暴言を吐いてはいけない、などだ。

ほかの学生に暴力をふるったり、インターネットで見てはいけないサイトを見てしまったりした場合、またはそういうことをされた場合、その行動を修正して今後再発しないよう、なぜそれをしてはいけないのか、決まりはどうなっているかを照らし合わせて、次にはどういう行動をとるのか、互いに契約書のようなものをつくってサインする。これを守らない場合は、次のステップとして罰則や、最悪の場合は放校などもある。そういうことを理解できるようにしていく。

通常、そうした校則違反をした学生はこれらの指導ですぐに直すが、場合によっては何度も繰り返したりする。そうすると短期間あるいは長期間の停学になるケースもある。

私は家族ともよく話をする。家族が一番気にするのは、カウンセラーが学生とばかり話していて家族の相談にあまり乗ってくれないということだ。けれども通常は、親がそこにいないほうがいい。はじめに学生から話を聞いて、学生が自分の言葉と考えで何が起こっているかを説明した上で親の話を聞いたほうが、親がいっしょにいるよりはるかにきちんとしたことが聞ける。聞いたことに学生が答えられない場合に親に聞く。

そして学生には、「次にこういうことが起こらないためにどうしたらいいか、覚えている？」と問いかける。というのは、このプログラム自身が、学生が全員自立、独立して、ほかの人に面倒をかけないで生活できるという目的を根底にもっているからだ。

カウンセリングのミーティングをするときは、よりよく理解できるよう、

利用できるすべての手段を用いる。絵や写真がいるときはインターネットで検索して示し、イメージしやすくすると理解できる。その他、コミュニケーションボードを使ったり、自分で絵を描いたりすることもある。

　以前、発語がなくて車いすを利用している障害者のカウンセリングをする機会があった。

　大きなショッピングセンターに行ったとき、その人が車いすで自分の後をついて来た。面識はなかったのに、ショッピングセンターの隅から隅までずっとついて来たのだ。後ろを向いて「ハロー」といった。それでそこに座って1時間くらい、ボードを使ってコミュニケートした。そこで、自分が働いているエージェンシーからサービスを受けている人だとわかった。20年前の話だ。

　その人とは長年会っていなかったが8年前、そこから15キロくらい離れたところにある私の前のオフィスにやって来た。十何年ぶりに会った彼は、学校に行きたいから助けてほしいと、ボードを使って一生懸命話した。

　また、学生は身振り手振りや絵でコミュニケートしていた。探せば道は見つかるものだ。我々ではなく、学生たちが何とかして探してくる場合がある。

　恋愛関係にある学生たちも多い。関係構築についての授業もある。実際に結婚する学生もいる。親からある程度のサポートも受け、いっしょに住んでいる。

▍重度の障害者を受け入れる理由

　重度のクラスの学生たちも一般就労をめざしている。重度の障害者を受け入れることにしたのは、このプログラムについて理事会の理解が深く、大学レベルの授業へのこだわりだとか、あるいは障害が軽度な人たちだけに門戸を開くのではなく、希望者全員を受け入れようとする態度を取っているからだ。

　重度の障害がある学生たちに化学などの授業は理解できないけれども、大学のキャンパスに来て、ここで学ぶことが本人にとって、また地域社会にとっても非常にいいことだ。学ぶことは単に難しい授業を受けることだけではなく、生活の支援になるような料理やコンピューターの使い方など、そういうことを少しでも学んで社会の一員となることも意味する。

第1章　アメリカにおける知的障害者の大学進学　49

写真 1-8
職場での人間関係についての学習をしている。奥の向かい合って座っている学生たちは就職面接のロールプレイをしている

▎学生たちの生活

　学生たちの生活は、学生センターに行ってほかの学生と友達になったり、大学にあるシアターに行ったり、エクササイズやヨガの授業を受けたり、あるいは学内のサークルやバスケットボールなどのチームに参加したりしている。

　学内に、障害がある人をサポートするグループがある。そのグループがいろいろとイベントを考えたり、週末の活動の計画を立てたりしている。

　その他、自分で交通機関を使って移動するプログラムがあり、市バスの乗り方などを身につけ、ディズニーランドに行こうとか、ショッピングセンターに行くのに何番のバスに乗って、どこで落ち合って何かをしようなど、活動範囲の広がりもある。

　やはり障害のある人は孤立しがちだから、私たちとしては、プログラムに参加している間にできるだけ同じクラスでもあるいはキャンパスでも、ほかの学生たちと友達になることを推奨している。するとプログラムが修了して就職しても、その友人関係がつながっている。友達ができない学生には友達ができるよう支援をしている。人間関係や性的なことについても教えている。

　一般の学生からも、障害のある学生がキャンパスにいることでキャンパスライフが豊かになり、自分たちのためになっているという言葉が聞かれる。実際に学生たちは、障害のある学生のために手伝いたいからここでボランティアしたいと申し出て来る人が後を絶たない。

その理由はいくつもあるが、一つは、純粋に障害を障害と思わないで一生懸命にがんばっている姿から学ぶことが多い。それと純粋だから、その人たちがいるだけでハッピーになる、みんなニコニコしているからだ。

この大学の学長である私も、これまで障害のある学生

写真1-9 ヤフーなどのフリーメールを使って自分専用のメールアドレスを作成する方法を学んでいる

たちを受け入れることに力を入れてきたが、その気持ちをさらに強くしたのは、肩のけがをして手術を受けたときだった。肩がまったく回らず、普段できることができずに落ち込んでいた。そんなとき、障害のある学生たちがニコニコ笑いながら通るのを見て、「何で私は一時的に肩が使えないくらいで落ち込んでいるのだ。自分よりずっと大変なのに、彼らはあんなにハッピーじゃないか」と元気をもらった。ほかの学生たちも同じ気持ちになるようだ。

それはキャンパスの学生だけではない。たとえば、キャンパス内のいろいろな部署にジョブシャドーというプログラム（職業教育の一つで、企業等で働く従業員に密着し、職場での仕事について観察するプログラム）で、障害のある学生が週1回、ちょっとした手伝いをしながら1〜2時間見学する。初めは障害のある学生たちが来てもお荷物になるだけだと思って見ていた人たちも、実際に来てみると1人の人間として性格もいいと気に入って、友達や仲間になることもある。次の年にシャドーイングをするときは「ぜひ今年もうちに来てください」ということになる。

(4)映像専門学校エクセプショナル・マインズ

ロサンゼルスのハリウッドの近くにある映像専門学校エクセプショナル・マインズ（Exceptional Minds）のスタッフは、私たちのインタビューに答えて要旨次のように説明した。

第1章 アメリカにおける知的障害者の大学進学 51

▍映像技術に特化した3年間のプログラム

　エクセプショナル・マインズでは、障害をどうしていくかではなく、もっている能力が「何であるか」「どう伸ばしていくか」を初めに考えて学校づくりをしてきた。

　学生のなかには、あまり話すことができない、物事を理解するのに時間がかかる、あるいは社会的コミュニケーション、ほかの人との関係がうまく理解できないなど一つのドアは閉ざされていても、必ず開いているドアはあるはずなので、その人にとってどういう方法で学んでいくのが一番いいのかを考えている。9年前にこのプログラムを創設したが、そのときは9人の学生がいて、これがうまくいくかいかないかは、まだはっきりわかっていなかった。

　私ともう1人のパートナーは2人とも映画業界から来ている。パートナーは、映画監督で何度か賞も取っている。私自身は映画やアミューズメントパークなどの美術方面の仕事をしてきた。小さなスタジオをもっていて、ディズニーの美術制作の仕事を12年間と、ユニバーサルの映画制作の仕事をしていた。

　パートナーの女性には自閉症の息子がいる。自閉症の子をもつ親と同じように、どうにかして自分の子どもの能力を引き伸ばせるところはないかと探していた。自分は自閉症についてまったく知らなかったが、自閉症の子をもつ親たちから、私のスタジオのような環境で自閉症の子たちを集めて学校を始めてほしいといわれ、専門家を集め始めた。

　毎週、自閉症の専門家を招いて、職員たちに自閉症や発達障害のある子どもたちにどのように接したらいいか研修を始めた。3年が過ぎ、もともとはコンピューターグラフィック、デザイン、アニ

写真1-10　Exceptional Mindsにて意見交換の様子

メーション、特殊効果などの技術者たちが、最新の自閉症の知識をもつ職員となった。

そして我々がつくったのは3年のプログラムだ。アドビ社と提携して、フォトショップやフラッシュなどグラフィック、映像用のさまざまな特殊効果のアプリケーションの使い方を伝えた。

映画業界、美術業界だと、これらのソフトが使えることで認定資格がある。このプログラムに参加した学生たちは、同じ資格を得ることができる。この認定試験は、講習を受けている生徒たちがすぐに受かるものではない。わざと引っかけ問題があって、それを間違えずに正しく答えなければならない。

普通、こういう障害のある人たちはトリックにはまってしまう。だから、いかにしてトリックやハードルに引っかからないよう解答し、資格が取れるかを教えている。

驚くべきことに、このプログラムを始めて4か月後には、認定プログラムに参加した全員が最低一つ、多い学生は四つのソフトの資格認定を得た。そして認定を得た後は、実際に映画業界や美術業界でそれらのスキルを使って仕事に就くためのプログラムをつくった。

心理学の先生を週に1回招き、職場で皮肉や批判的なことをいわれたときにどう対応すればよいか、あるいは異性と仕事をするときにどう対応するか、上司にどのような対応をするかについて研修をした。また、仕事を得るための面接、仕事をするときに覚えておかなければいけないさまざまなテクニックを教え始めた。

実際にエレベーターのドアの前に立って30秒間、自分の宣伝、売り込みをする。自閉症の子どもにとって30秒という限られた時間で自分のことを話すのはすごく難しいことだが、だらだら話さないで30秒で話すという訓練が大事だ。

自閉症の発達障害のある子どもたちには、台本をそのまま読むのがとてもやりやすいとわかった。特性として、ルールがあればそれに従って行動するというものがある。ところが本人たちがつくると、それが合わない場合がある。そこで学生と教員がいっしょになって、どういうルールに則って台本を

第1章　アメリカにおける知的障害者の大学進学　53

つくったらいいのかを話し合い、面接などでの台本づくりをした。

我々が行っている授業の内容は、実際に業界で使う技術や資格などの取得というテクニカル面と、もう一つはどういう行動をとったらいいかという行動学だ。美術や映画産業で働くために必要なスキルを身につけ、実際にその業界で働けるようにするのが目標である。

3年間のプログラムのなかで、初めは基礎的なものを身につける。その後に実際のデザインやいろいろな視点、構成について、および分析、理論を学ぶ。3年目になると、実際の映画製作の仕事で実習的なことをしながら学ぶ。

同時に、プログラムのなかで本人たちのポートフォリオやホームページなどをつくり、それをもって面接に行き、実際にどれだけの仕事ができるのかを見てもらう。そして履歴書にリンクをはり、社会に出る準備をしておく。

この学校を卒業すると二つのチョイスができる。一つはここのスタジオで仕事ができる。もう一つはこの近郊にあるスタジオに就職をすることである。

2013年に第1期生8人が卒業した。そのうちの1人は、実際にスタジオで正式に雇用され働いている。初めは週3回だったが、週5回の毎日勤務になって、なおかつ昇進した。

残り7人はここのスタジオで実際に仕事をしていて、今後公開予定の映画のCGの制作などに携わっている。彼らが行っている仕事は、映画のなかでのアニメーションやロードスコーピング、映画のエンディングタイトルの制作などである。

▌学生の特徴や運営に関して

——学生の年齢層や特徴は。

18歳から30歳がメインのプログラムだ。またプライベートレッスンで12歳から、夏の特別講習として1週間、特定のプログラムを学ぶことができる。夏の2か月間に、2週間のコースが四つ用意されている。そこで4種類の資格スキルを身につけることができる。ほかにもお試しのプログラムがあり、そこから本科に編入することもできる。

いまは一つのプログラムで上限を10人としているが、30人の応募があった。

残りの人たちは順番待ちをしている状態だ。より高い能力をもった学生の候補者が順番を待っている。能力が高いというのは、自閉症は重度で能力的には低いけれども、ここで教えているさまざまなテクニックや美術的にはすごく能力が優れている人もいる。

写真1-11　CGで作成するために描いたデザインを見せてくれた

　スタジオではプロの仕事として映画製作に関わっている。
　私たちがもっている感情の非常に鋭い洞察と、その人の能力をうまく組み合わせたらすばらしいものが生まれてくる。有名な俳優から次のような言葉も贈られた。
　「あなたたちは天から送られた素晴らしい才能をもっている」
　自閉症特有の症状で、同じことを繰り返し話す人もいれば、まったく話さない人もいる。寡黙だけれども、別々のスキルをもって、それぞれの才能を生かして仕事をしている。
　私たちがこの事業を始めたときに、それぞれがもつほかの人に負けない特殊な才能を見出している。自閉症は一人ひとりが違う。1人の自閉症の人に会っただけで「自閉症はこういうものだ」と言い切るのはよくない。その人に一番合った学習スタイル、たとえば視覚、聴覚あるいは手を使って訴えたほうがいいのかなど一番いい方法で学び、一番いい才能を出していけるようにケアしている。
　1年目：アニメーション基礎を学ぶ。
　2年目：製作をどのような形で構成していくのかを学ぶ。
　3年目：さらに細かく、スタジオで何をしたらいいかなどを掘り下げて学ぶ。
　1年生は描くことから始め、それをCGにしていく。学校全体で現在取り組んでいるプロジェクトに参加して、プロジェクトの管理もしている。そこでの要素になるさまざまなデザインを比較している。スケジュールや業務を

第1章　アメリカにおける知的障害者の大学進学　55

メンバーに振り分けていく。初めは基礎だが、併行してほかのプログラミングも覚えていく。

2年目になると、プログラミングを継続して習いながら、映画製作の構成やスケジューリングを覚えていく。2年目は全体像を学んでいくが、3年目になると、就職して自分が担当する部分の役割を考え学んでいく。

——ハリウッドの近くという地域性があるか。

そうだ。映画業界に特化した形で始めたのは事実だ。講師たちが映画業界に在籍しているからだ。知的障害のある人たちが映画業界で働いて成功するためにはどんなものがいいのか、ということで始めた。

ほかの業界（音楽、経理など）に興味がある人たちも入って来る。同じものをつくるプログラムを書き、ほかの業界でも自閉症の人たちを雇用するために、我々のアプローチを応用できるようにした。音楽業界やメカニック業界など特定の業界に特化した形のプログラムも、コンセプトを流用すればできると思う。

重要なことは、初めから「この人たちは能力がない」と見るのではなく、彼らが興味をもっているものについて、どこを伸ばせば成功するかを信じることだ。

いろいろな地域に学校をつくるなかで、地域の産業に興味をもった学生を集めることができるのではないかと思う。

——自閉症のこだわりとして、映像やPCが好きな学生が多いのか。

そういう人が集まっている。一般にいわれるように、自閉症の人たちはこだわりがあって、一つのことに集中すると、そこに何か変化があると混乱する。ところが自分たちの好きなことでも常に変化にさらされてしまうので、混乱しないように学習をしている。安全な環境のなかでいろいろな変化も入れながら、そこに柔軟に対応できるように学んでいる。ある学生は、常に誰かが「それでいいの？」と聞かないと次のステップに進めない。誰かが後押しをしている。

写真1-12　3年生はとても高度な作業を行っている

　2年目だと二つのプログラムを同時進行で学ばなければならない。カリキュラムとしては、以前に学んだことを新しいなかに取り入れて使う。同じことをやろうとしても、いろいろなやり方がある。一つのやり方に固執する必要はない。そういう柔軟性もある。

　だから、自閉症の子はこだわりがあって一つのことに集中する、と周りの人が思い込んでしまうと、それだけで制限されてしまうので、ほかのやり方もあると教えている。これしかできないだろうと制限するのではなく、こういうこともできるのではないかとやってみる、絶対できると信じてそれができる支援をする必要がある。意志を後押しすることが必要だ。

　——ここの資金調達はどうしているのか。卒業生の給料は。
　家族からの月謝と寄付で賄われている。行政からの資金は入って来ない。立ち上げのときは財団の資金提供も受けられるが、立ち上がるとなくなる。
　学生1人に年間3万ドル（約330万円）のコストがかかる。学生と教員の比率は4：1。新しいパソコンなどが必要になる。パソコンのプログラムは技術者用なので、すごく高い。教員の給料は前職の半分くらい。だからお金持ちは誰もいない。

いろいろなところからの寄付が頼りだ。授業料を払えるところは全額の授業料を払ってもらい、裕福ではない人たちは払える分を払ってもらい、残りは奨学金で補助してもらう。

給料は、カリフォルニア州の最低賃金が時給8ドル50

写真1-13　Exceptional Mindsの学生の皆さんと

セント（約930円）。映画業界の最低賃金は12ドル（約1300円）くらいになる。年間の給与が3〜6万ドル（約330〜660万円）だ。

全員が就職できる保証はない。もちろん私たちの目標は全員就職だ。しかし、ある学生は卒業しても何もしたくないと意欲をなくした。卒業して仕事をしたいという意欲がある学生には学校としても、いろんなコネを使って仕事を見つける努力をしている。

アメリカも高校までだといろいろなサポートがある。しかしその後はまったく何もないから、子どもたちの才能を懸念する親たちによって学校をつくろうということになり、彼女が中心になってつくった。将来的な希望、自分の能力を生かした夢や希望を与えようとして親たちが立ち上げた。

家で何もしないとQOLが低くなる。スタジオで働いている人たちは生まれて初めて職に就くことができて毎週、給料の小切手がもらえる。仕事ができることがうれしくて遅刻することもない。仕事ができることはアメリカ全体に影響を与えていて、そうでないと家にいて生活保護を受けて税金を使うことになる。

UCLAのプログラムは幅広い学生を取っている。アメリカのほかの大学や、知的障害のある学生を取っているところは、IQの高い勉強ができる学生を取っている。しかし実際よくよく見ると、勉強がよくできるIQの高い学生よりも、重度の学生のほうが特別な才能をもっていたりする。ここはその才能を伸ばしていくプログラムで成功している。

第2章

カナダにおける
知的障害者の大学進学

カナダでは2016年4月27日〜5月4日の8日間、サスカチュワン州レジャイナ市のレジャイナ大学、アルバータ州カルガリー市のマウントロイヤル大学、ボウバレーカレッジ、カルガリー大学、アンブローズ大学の5大学と、インクルージョン・アルバータのオフィスを訪問した。

1 インクルージョン・アルバータの取り組み

(1) インクルージョン・アルバータの概要

カナダ・アルバータ州にあるインクルージョン・アルバータは、障害者と健常者の交流をサポートすることを目的として設立されたNGO（非政府組織）で、障害者のサポート機関として国際的にも広く認知されている団体である。現在、多様な障害児者支援の活動を行っており、大学における知的障害者の高等教育支援はそのうちの一つである。

活動のなかで最も力を入れていることは、家族を含めリーダーシップを取れるような支援をすること、および行政への働きかけにより社会変革を進めることである。特記すべき活動としては、家族を教育することが挙げられる。

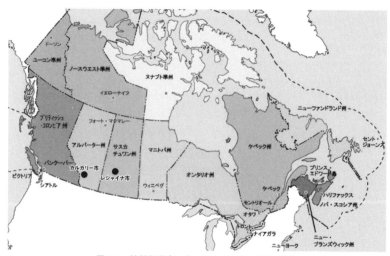

図2-1　訪問都市（レジャイナ市、カルガリー市）

写真2-1　インクルージョン・アルバータオフィスにて意見交換の様子

　そしてインクルージョン・アルバータの最大の使命は、障害の種類による区別なく、すべての障害者が一般社会、地域社会に溶け込むようにしていくことである。すでに30年の歴史があり、その間の取り組みにより成人した障害者たちの社会生活が確立している。

　また、個人レベルでの広範な支援も行っている。学校への支援、就職先における支援、家族への支援などさまざまな支援がある。最も重要なことは、一人ひとりの障害者に関して、スタッフが家族と密接に関わることだという。これは大変労力を要することであるが、その原動力となるのはスタッフの正直さ、誠実さ、謙虚さにほかならない、との話であった。

(2)カナダにおける障害者教育の歴史

　1950年代まで、カナダの障害者は人間関係構築の困難さなどから学校に行くことができなかった。障害者の保護者たちは、彼らが通うことのできる学校を設立した。その後、段階を追って理解は進んでいった。

　障害のある生徒は公的な学校の特別支援学校や特別支援学級に通っていた。しかし保護者の願いは、そうした学校・学級にではなく一般の学校・学級に通うことであった。なぜなら、そのような状況では高校を卒業した後の将来が不明瞭で、ほとんど仕事に就くことができないか、仕事に就いても隔離され不安な気持ちを拭うことができないでいるからである。

インクルージョン・アルバータ理事長のBruce Uditsky（ブルース・ウディスキー）氏は、個人的に30年前、障害者と健常者が融合し、障害者が社会に受け入れられることをめざして、その考えをほかの家族らと共有し、一般の地域や学校が障害児を受け入れることに尽力した。このような考えや実際の取り組みを、同氏が勤務していたアルバータ大学の同僚に持ちかけたところ、同僚たちは大変興味を示した。しかし大学当局の反応は芳しくなかった。

　そこでブルース氏らは自助努力で何とかしようと立ち上がり、インクルーシブ教育の実現のためにアルバータ州政府と交渉を始めた。当時は周りからの支援も予算も何もなかった。彼らは取り組みに理解を示す人たちと協力しながら運動を進めて行った。

　そしてまずは小さなレベル、数人の生徒からインクルーシブ教育をスタートさせた。その取り組みも今日では総合的な発展を遂げ、受け入れる大学においても技術的発展が確立してきた。

　その運動のなかで彼らが大切にしてきたことは次の2点である。

①障害の程度によって区別しない。
②インクルージョン・アルバータにおいて、障害は「問題」ではない。障害学生のための特別な講義は行わず、一般の講義を受けられるようにサポートすることが、障害者と健常者の社会における一体化を促すことになる。

　ただ、アルバータ州の大学の活動やサポートについては、すべてがインクルージョン・アルバータの指導下にあるものではない。インクルージョン・アルバータは州内の多くの大学に影響を与えてはいるが、実際の取り組みを決めて進めるのは、その大学とそこに通う学生たちである。

(3)インクルーシブ教育の現状と課題
　1980年代、障害のある青年たちは、一般の大学で一般の学生と同じ教育を受ける権利がなかった。現在は、アルバータ州で20校ほどの大学や専門

学校が受け入れているが、受け入れたいという思いと学校の経営状況とがかみ合わない状況があるため困難になっている。特に原油の採掘販売を主産業としているアルバータ州において、ここ数年の原油価格の低下により州の経済状況がよくないこともあり、資金の調達が困難となっているのである。

写真2-2　インクルージョンアルバータオフィスにて Bruce Uditsky理事長（前列右から2人目）らと

　家族や本人はもちろんインクルーシブな学校の受け入れを望んでいるが、特に高校はまだまだそうした体制ができていない。
　インクルージョン・アルバータでは、高校での障害生徒受け入れを推進していくことを考えたが、生徒が次に向かう高等教育機関の体制がなかなか整わないこともあり、今後は密に連携を取っていくことが重要と考えている。
　ちなみに、高等教育を受けていない生徒の就職率が20%であるのに対し、高等教育を受けた場合は70%の就職率の実績が出ており、両者の間に大きな差が生じている。

2 レジャイナ大学における知的障害者の受け入れ

(1)レジャイナ大学の概要

　サスカチュワン州にあるレジャイナ大学は、1911年に設立されたレジャイナカレッジが前身である。1925年にサスカチュワン大学付属の短期大学となった後、1974年にレジャイナ大学として独立した。
　以来、高水準の学問、実利的な研究および社会への貢献を教育目標に掲げ、世界中で活躍する有能な人材を輩出する道を歩み始めた。2016年現在の学

生数は約12,500人、9学部23学科を擁する総合大学である。

　知的障害者受け入れの支援は、CFA（Campus For All）のスタッフが行っている。CFAの定員は1学期に12人である。2016年現在、CFAには14人の学生が所属している。

(2)サスカチュワン州における高等学校の特別支援教育の現状
　学生たちは、高校卒業後に大学に来る人もいるが、多くは高校で特別支援教育を受けた人たちである。サスカチュワン州では高校の特別支援教育にもさまざまな形態があり、学生の特性に応じてさまざまなプログラムが用意されている。

　レジャイナ市では1980年から高校における特別支援教育が始まった。それ以前、学生たちは一般の高校生と隔離された特別支援学校に行かなくてはならなかった。レジャイナ市にはいま、特別支援学校は皆無である。

　レジャイナ市の高校におけるインクルーシブ教育には、三つの型がある。

　一つは「完全なるインクルーシブ教育」である。障害のある生徒たちはそこで、ほかの生徒たちと完全に同じような体験をしている。たとえば「ダウン症があっても、ほかの生徒と同じ経験がしたい」という思いを可能にする。高校において完全なるインクルーシブ教育が実現したことによって高校から大学への移行がスムーズとなり、知的障害学生の大学入学のハードルが下がったという。

写真2-3　レジャイナ大学にて意見交換の様子

二つ目が「部分的インクルーシブ教育」である。インクルージョン・アルバータでは、この形態については否定的である。この形態では、支援を必要とする生徒は、高校において少ししか勉強ができない。もし高校で一部分しか勉強ができなかったら、彼らの大学入学は必然的に困難となってしまう。
　まだサスカチュワン州に少し残っている三つ目の形式として、1日中一般の高校生と別々に学ぶ学校もある。その高校では、支援を必要とする生徒はほかの生徒と会うことはなく、学習内容も異なっている。
　しかし、これは普通ではない。サスカチュワン州には農村部が多く、残念ながらそこではいまでもこの形態が取られている。障害のない生徒が支援の必要な生徒と会うことはなく、「彼らは勉強ができない」という偏見をもっている。ある農村部から出てきた障害のない学生の1人は、CFAの学生とともに学び、友達になり、彼らが勉強をしていることにとても驚いていた。

　図はインクルーシブ教育に関する4つのパターンを示している。
　インクルージョン（上）：障害の有無にかかわらず、いっしょに学ぶこと。
　エクスクルージョン（左下）：
　　障害のある学生を別にすること。
　セグリゲーション（中下）：障壁がある状態。サスカチュワン州の農村部はこれである。
　インテグレーション（右下）：
　　いっしょにいるけれども別々のプログラムで学ぶこと。

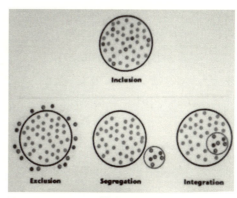

図2-2　インクルーシブ教育に関する4つのパターン

(3)カナダの大学におけるインクルーシブ教育の現状
　カナダの大学で、初めにインクルーシブ教育を始めたのがアルバータ大学である。カナダのこの分野で最も進んでいる大学である。レジャイナ大学の人たちは、アルバータ大学のようになることを目標にしているという。

レジャイナ大学にはさまざまな障害のある学生がいる。身体障害の学生は学位取得をめざしている。ダウン症や知的障害の人は、学位は得られないが自分の学びたいことを自由に学ぶことができる。たとえば「自閉症」という障害が幅広いように、同じ自閉症の学生でも軽度の学生は学位を取る一方で、一つのコースに絞って学ぶ学生もいる。

(4) CFA（Campus For All）の理念と実践

　CFAでは学生の「できないこと」ではなく「できること」に着目している。サポートを必要とする学生自身を問題視するのではなく、「何をしたいか」「何ができるか」に注目したいと考えているのである。

　CFAの学生は自分の障害について、周囲が決めるのではなく、自分で決めている。また、どんな支援をしてほしいかも、彼ら自身で決めている。大学での学習計画も学生と教員が話し合った上で、自分で決めているのである。

　障害のない学生が1枚の絵を描いた。この自画像は、学生が感じている自分のイメージである。「面白い」「幸せ」「頭がいい」「ポジティブ」などと書かれている。学生一人ひとり違うが、このようなイメージで大学生活を楽しんでいる。CFAの学生と学んで、彼らはいろいろなことができるとイメージすることができたのである。

図2-3　自画像に自分のイメージを記載している

　障害のある学生はサポートが必要と考えられているが、そんなことはない。彼らには、自分でできることがたくさんある。障害のある学生には、ともに学ぶ障害のない「パートナー」がついているが、それは決して「ヘルパー」ではない。

　障害学生は、CFAのプログラムを利用する必要がある。最初は、彼らの可能性がわからないため、どんなことを学んでいきたいのかいっしょに決めて

いく。また、彼らの周囲にいる家族などとともに、彼に何ができるかを考えることも大切である。彼らがいろいろなことができると信じることで、彼らの可能性は大きく広がっていくのである。

図は、学生たちが人生の進むべき道を指し示している。

Comfort zone：
　守られた、安全な場所。
Stretch zone：
　学んでいくことで、成長していける。
Danger zone：
　誰からも助けてもらえない。

図2-4　学生たちが人生の進むべき道

CFAがめざしている目標は「徐々に成長していく」ことである。学生たちを「Stretch zone」まで引き上げることをめざしている。社会が障害のある学生たちの価値を見出すことができたら、彼らは成功できるのである。したがって、障害のない学生たちと同じように、CFAの学生たちにも大学生として本来の体験をしてほしいと考えている。

CFAにはAcademic（学問）、Social（社会性）、Associational（クラブ活動）、Employment（仕事）という4本の柱がある。これらどれもが同等である。仕事が特別に重要ということはない。学生たちは大学生活を通じて、社会性が学べたこと、友達ができたことをとても喜んでいる。

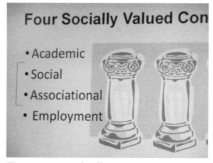

図2-5　CFAの4本の柱

アルバータ大学では、1学期に複数の授業を受講できるが、レジャイナ大学で受講できるのは1学期に一つの授業だけである。それでもより多くの学生が学んでいる。

CFAには2人のスタッフがいてサポートをしている。学生がCFAに応募

第2章　カナダにおける知的障害者の大学進学　67

してきたとき、スタッフは「何が勉強したいか」「どんな授業を取りたいか」を尋ねる。学部には、科学から芸術までさまざまな学科がある。もし、その学生が自分の学びたいものがわからなければ、テストをして決めていくこともある。CFAの学生は、工学、看護学以外のほぼ全講義から授業を取ったことがある。

なお、レジャイナ大学CFAプログラムで学んでいる学生たちは、卒業しても学位は得られない。また授業を受講しても単位が取れないので、聴講生のようなものである。しかし、試験や課題は一般の学生同様に与えられる。

現在は、CFAのスタッフが課題の内容を学生に合わせて変更しているが、将来的にはその仕事を、授業の内容を熟知している各講義の教授にしてほしいと願っている。CFAスタッフは、教授陣とはよきパートナーでありたいと考えている。そして、教授たちと障害学生たちのために、課題をどのように変更したらいいか話し合っていきたいと考えているという。

教授に「CFAの学生が授業に参加してもいいか」と問うと、ほとんどの教授は「よい」という。もちろん「入らないでほしい」といわれてもその理由をいう必要はない。どんな意見もあり得る。CFAスタッフは審判的な態度は取らない。

CFAのプログラムに参加するにあたって、学費や授業料の実質的な負担はない。レジャイナ大学がそれらに見合う奨学金を出しているからだ。

また大学では、希望すれば寮生活もできるようになっている。

⑸CFA（Campus For All）で学ぶ学生たち

エロンさんは音楽の授業を取ってギターを学んだ。シェリーさんは歴史の授業を取った。シェリーさんの友達のシェネルさんは、パートナーとして作文のサポートをした。

学期の初めの2週間程度は、CFAのスタッフが授業に行く。その授業を取っているCFAの学生を全体に紹介し、「助けるのではなく、同じ立場で課題に取り組もう」と呼びかけている。パートナーは1人だけではなく、数人のチームでシェリーさんを支えている。

CFAのプログラムには障害のない学生も必要であり、CFAの学生の目や耳となっている。歴史の授業ではサスカチュワン州の地図を作成した。この課題は、CFAの学生にも変更せずに与えられた。配慮がなくても普通にできることもあるのである。

　ある学生は「芸術を楽しむ」という授業を取った。課題では、野球カードを模した芸術カードを製作した。また、iPadを用いて創造的なテクノロジーについて調べた。彼には読み書きよりも聞く方が合っていたので、その特性に重点を置いた。

　CFAはどんなときにも、学生たちの特性や長所に着目している。CFAのプログラムはまだシステムとしては確立されていないが、障害・健常学生に一番合った形を模索しているところである。

　「聞く」特性が強いかどうか調べるテストがある。レズリーという学生は、教科書をPCの読み上げソフトで音声化して聞き、ハイライトをつけていくという方法で学んでいる。

　ジョーダンさんは運動学の授業を取った。授業の最後に教授に向けてノートをつくった。ノートにはこんなことが書かれていた。

　「パートナーのセバスチャン、シェリー。クラスは楽しかった。新しい友達もできた。先生ありがとう。勉強も楽しかった」

　パートナーの学生は、これまでにボランティア経験のないことがほとんどで、ここに来て初めて障害者と接する。しかし、CFAではパートナーとなる学生にトレーニングは行っていない。現在の「友達」という関係が望ましいと考えている。チューターという上下関係ができないのがメリットなのである。

　CFAでは、卒業後の進路支援は行っていない。CFAの学生たちは大学生活でのたくさんの経験があるから、仕事に就くことはそれほど難しいことではないのである。カナダでは、障害者を対象とした教育で、経験を重視した活動を多く取り入れている。だから仕事ができるようになっていく。ある会社では、仕事はその学生のできることや適性に合わせてつくられている。

　また、CFAの学生たちの卒業後の支援については、卒業生、同窓生として

のサポートもしていきたいと考えているが、現状では卒業後のサポートは行っていない。

(6) 障害学生たちのパートナー

一般学生のパートナーは公募などによる募集ではなく、最初の授業で話をして興味が

写真2-4　レジャイナ大学の皆さんと

ある学生は誰でもなれる仕組みになっている。パートナーの期間は1年間である。

このような方法により、障害学生とパートナーとは友達同士としての関係を築いており、多くは卒業後も連絡を取り合っていい関係が続いている。たとえばあるCFAの学生は、大学を卒業して1年後に家族が亡くなったとき、誰よりも先に学生時代のパートナーに連絡をしていた。

パートナーと気まずい関係になったりケンカをしたりするような例はほとんど見られない。あるパートナー学生は、忙しくなってパートナーをやめることになった。しかし、ほかのパートナー学生がいるから問題はなかった。

障害学生がパートナーと関わることによる変化や成長は著しい。とてもおとなしい性格のある学生は、プログラムを始める前はほかの人と話すのが苦手で、怖くて授業に行くのにも誰かのサポートを必要とした。授業が始まる前にはCFAオフィスの前でパートナーをずっと待っていた。

しかしパートナーと関わることで変わった。キャンパス内で知り合いを見つけると「あ、友達だ」と話しかけ、しばらく歩いてまた別の人に「あ、友達だ」と話しかける。誰とでも仲よくなり、性格もとても社交的になったのである。

現在は、会社のオフィスで働いており、接客のときには積極的に話しかけている。初対面の人と話すことも怖くなくなり、性格もとても明るくなった。CFAメンバーのなかで一番成長した学生である。人のお世話をすることで自信をつけて、積極的な性格に変わったのである。

一方、パートナーの健常者の学生も同じように変わる。それは障害があろうがなかろうが関係ない。サポートだけでなくいろいろなことを学んでいる。ほかの人の生活スタイルもわかるようになり、それが自分の生活にも影響している。だからボランティアとしてだけではなく、本当にいい関係がつくれている。
　誰でもこのプログラムに参加し関係をもつと性格が変わる。教員たちも学生たちも、誰もがすごく変わっている。このプログラムに関係する前の教員たちは障害についてあまり理解していなかった。しかし、CFAの学生が授業に入ると考え方が変わっていった。このプログラムと関係することで生活まで変わっていったのである。

3 マウント・ロイヤル大学の取り組み

(1)マウント・ロイヤル大学の概要

　マウント・ロイヤル大学は1910年に創立され、その後1966年にコミュニティカレッジとして承認された。2009年に4年制大学になっている。
　学生数は約15,000人で、短期大学や専門学校なども併設し、取得可能なさまざまな資格コースも充実している。コミュニティカレッジとして培ってきた教育背景があるため、小規模クラスでの学びやすい環境が設定されてい

写真2-5　マウント・ロイヤル大学にて意見交換の様子

るのが特徴である。

(2)知的障害学生の受け入れ状況

マウント・ロイヤル大学では2016年現在、8人の知的障害学生が学んでいる。彼らの何人かは重度の障害で、マンツーマンの支援を必要とする。

学生たちに必要とされる支援の内容やその度合いは、複合的な要素を考慮して大学が判断している。支援の必要性を判断するものとして、州政府が発行する障害者手帳がある。公的に支援が必要であることが明確化されると、大学は支援スタッフを雇用することができる。

障害学生支援プログラムで学んでいる8人の学生のほかに、人間関係を形成することが苦手な学生など発達障害のある学生は何百人と入学している。これらの学生は大学に入ると、障害を理由にほかの学生と区別されることはまったくない。

このプログラムを利用する学生数は、これまで4人から6人、さらに8人と年々増えてきている。これは、一つの大学のなかで障害学生の人数を増やすという一つの選択である。

(3)インクルージョン・アルバータとの方向性の違い

しかしインクルージョン・アルバータは別の方向、すなわち少人数の障害学生を受け入れる大学の数を増やすという方向を指向している。受け入れる大学を増やすと、いろいろな学科を履修できるようになる。それは障害学生の学びの選択肢が広がるということであり、学生たちの興味、個性に合わせた受け入れが可能になるということを意味する。

障害学生の受け入れ人数については、まだまだ試験的なものであり、マウント・ロイヤル大学では今後、8人を16人に増やす案を検討している。しかし、学生数を増やすことで障害学生が彼らだけのグループを形成してしまう可能性がある。そうなると一般学生との関わりが薄くなってしまうだろう。そこで現在のところは、少しずつ数を増やしながら慎重に活動を行い、これらの可能性も視野に入れて状況を見極めている段階である。

このことは非常に重要なポイントといえる。現在、いろいろな教育機関が学生たちを分けて考える傾向にあり、一般学生と障害学生の交流を設ける際に、似たような人たちが集まってしまう傾向がある。そうさせないためのデリケートなサポートをどのよう

写真2-6　マウント・ロイヤル大学の皆さんと

に行っていくのかは、インクルージョン・アルバータにとっても重要な問題であると考えている。

(4) **マウント・ロイヤル大学における障害学生支援**

　この大学の障害学生支援プログラムに所属しているジョブさんは、大学生活について次のように述べている。

　「大学で経験したさまざまな活動は最高に楽しい。ありがたいことにほかの一般学生といっしょに学ぶ機会が与えられました。大学からの支援については、1年目はサポートが多く必要でしたが、2年目からはさほどサポートは必要ではなくなったと感じています。

　今後の目標は、教授陣からの学術的なサポートがある機関に進むことです。それに向けて、教育機関の事務スタッフと話し合いをすることができます。スタッフといっしょに宿題をしたり、学習の理解度を確認したりしながら進めています。これらはいまのところ週2回で、1回当たり1時間から2時間程度、ミーティングルームで行っています。ここではいつでも専属のスタッフからのサポートを受けることができます。卒業後については、まだはっきり決めていませんが中小企業に就職したいと思います」

　また、ジョブさんを指導する支援教員は、卒業後に向けた就労支援について次のように述べている。

　「卒業後の進路支援については個人ファイルを作成し、そこに4年間でジョ

ブさんが学んできたことや身につけてきたことを記載しているので、それを活用しながら彼といっしょに就労先を訪問するなどしています。私たちの大学では、これまでかなり長い年数、就労支援を行ってきたノウハウの蓄積もあるため、毎年70〜80％の障害学生が一般企業に就職しています」

また別の支援教員ミチさんは、日頃の知的障害学生の支援について次のように述べている。

「私は企業に出向いて、一般社会で障害者と関わるスタッフの教育を担当しています。また大学では、インクルーシブプログラムをサポートしています。

当大学では一般学生と障害学生に同じ教育を提供するというデモンストレーションが成功しています。私たちはすばらしい支援をインクルージョン・アルバータから得ています。また、大学内の理解とサポートもあります。各学部長からのサポートや医療に関わる学生からのサポートもあります。

しかしながら最初の頃は、学術的な部分でのインクルーシブな取り組みは困難でした。しかし、知的障害学生への支援はやがて一般の学生への支援にも広がっていきました。結果として一連の取り組みは一般学生にとってもすばらしい経験となったのです。

一方、教授たちについても、教育において知的障害学生に対して十分に注意をはらい、習熟度を確かめながら授業を進めるようになっていきました」

ここでは障害学生それぞれに対して、スタッフとともにどのようなコースが必要かを見極め、専属スタッフが派遣される。必要であればプログラムを修正することも可能である。そのことにより、コース内容や授業内容について、障害学生と一般学生が同様の学びの成果を得られるようにしているのである。

クラスのなかでの一般学生と障害学生との関係は徐々に変化しており、それぞれに得るものがある。たとえば、最初はいっしょに宿題をするだけの関わりだったのが、次第に週末の外出をいっしょに楽しむようになる。

このような障害学生の社会生活の広がりの変化は、一般学生たちのやりがいにつながる。プログラムは障害学生たちの経験だけでなく、サポートする側の一般学生にとっても価値あるものとなっているのである。

4 ボウバレーカレッジの取り組み

(1) ボウバレーカレッジの概要

　ボウバレーカレッジは1964年に創立された公立のコミュニティカレッジである。学生数は約14,000人で、多種多様のビジネスプログラムや看護・ヘルスケア関連のプログラムなどのコースを用意している。また、毎年1,000人以上の留学生を受け入れているのも特徴である。

　同カレッジがインクルーシブプログラムを始めてすでに9年が経過している。2016年現在6人の障害学生が在籍し、医療や法律などを学んでいる。

(2) プログラムコーディネーターの役割

　インクルーシブプログラムコーディネーターのゲイル氏は、三つのコースを管轄して3人の学生をサポートしている。

　インクルーシブプログラムには短期集中型の4か月コースがあり、そこでの主なプログラムは医療、健康、病院スタッフ養成や資格取得などである。その他のコースは最長2年間まで在籍期間を延長することも可能である。その場合は試験内容や授業内容を調整することになる。このプログラムを修了

写真2-7　ボウバレーカレッジにて意見交換の様子

第2章　カナダにおける知的障害者の大学進学

しても修了証明書を受け取ることはできないが、学生の個人レベルでの社会
性向上において大きな成果をあげている。

　もう1人のインクルーシブプログラムコーディネーターのエミリー氏も、
ゲイル氏と協力し合いながら障害学生に対して必要なサービスをコーディ
ネートしており、障害学生が一般学生とインクルーシブな関係を築いていけ
るよう努めている。

　プログラム推進責任者のエリック氏は、授業だけでなくジムやダンスなど
同年齢の人たちが体験することを障害学生にすすめ、障害のレッテルを貼ら
れることなく、みんなといっしょにさまざまな体験ができるように努めている。

　ボウバレーカレッジは地域社会に根差すことをめざしている。そのため、
卒業後のサポート体制づくりにも取り組んでいる。学生は高等教育において
友好的な関係を築き広げているので、そのような関係がクラスメートだけで
はなく、地域社会のより多くの人たちと築いていけるよう、卒業後もソーシャ
ルメディアによってサポートしている。

　たとえば学生とスタッフ、あるいは学生同士がツイッターやフェイスブッ
クなどを活用して情報交換を行っている。大学卒業後は、就職や新しい出会
いに対して適応できるようになることを重視して支援している。障害学生に
も一般学生と同様の人間関係の広がりや就労のチャンスの広がりが得られる
ことが大切だと考えるからである。

　先のゲイル氏は基本的に、一つのコースに1人の学生を1年間受け入れる
形をとっている。彼らは、介護や看護などについてゆっくり学ぶことができ
る。授業は能力に応じて進行スピードを調整して対応している。試験では、
たとえば通常4択の問題を2択にするなどの配慮をしている。また、ほかの
学生との関係づくりや障害学生を含んだグループでの宿題対応なども支援し
ている。

(3)一般学生にとってのインクルーシブ教育の意義

　大学では、障害学生にとっては単に単位を取るのではなく、ニーズに合わ
せて学ぶ機会が与えられることが重要である。大学での活動はポートフォリ

オに記録され、就職活動などで必要な場合は、それを提供できるようになっている。

ここでは一般学生と同じチャンスが障害学生にも与えられる。さらにここでは障害学生を一般学生がサポートする制度が確立している。こうしたことは一般学生の企業就職においても高く評価されている。

障害学生との関わりは、一般学生にとっても予想した以上に学ぶことが多い。いまでは合計30 ～ 40におよぶ学部・学科において一般学生をメンターとして紹介している。一般学生が障害学生とともに学ぶことについての感想の調査から、学生も教授もよりよい教育を提供したいと願っていることや、大学においてよりよいスタッフを必要としていることが明らかになっている。

サポートする一般学生と障害学生との関係について、メンターと友人とは別の存在と考えている。メンターは授業、宿題のサポートをする存在であり、それ以外の時間については、障害学生とメンターはほかの友人と過ごすことが多い。それに対し、両者の間の友情が深まるような活動を促している。メンターと障害学生間に友情が生まれることもあるし、障害学生がメンターとは別に友人をつくることもある。

障害学生と一般学生がいっしょに過ごすことは簡単なことではない。精神的な成熟度も求められる。しかし、メンターになることを希望する学生は毎年30 ～ 35人いる。彼らは興味をもってサポートにあたっているのである。

5 カルガリー大学の取り組み

(1)カルガリー大学の概要

カルガリー大学の創立は1966年である。在学生は30,000人、医学部など全16学部、60以上の学科を設置する研究型総合大学である。

カルガリー大学では24年前からインクルーシブ教育を行っており2016年現在、知的障害者はメインのキャンパスに13人、別の学舎であるセントメリーキャンパスに3人の合計16人が在籍している。

第2章 カナダにおける知的障害者の大学進学 77

写真2-8　カルガリー大学にて意見交換の様子

(2)カナダの義務教育段階におけるインクルーシブ教育の基本的考え方

　カナダではインクルーシブ教育が指向されているが、それが唯一無二の方向として統一されたものではない。現状では、障害児の受け入れ体制が整っている小中学校もあれば、そうではない学校も存在している。

　また保護者の考え方も、完全なるインクルーシブ教育を希望する人や、障害特性に応じた専門的な教育を希望する人などさまざまである。それらの選択の権利は最終的に生徒と保護者に委ねられているのである。

　また、カナダにおけるインクルーシブ教育の目的は、単に健常児と障害児が同じ物理的環境において生活することではない。もちろん健常児と障害児が同じ環境で生活することは、可能な限り自然な形で地域社会に溶け込んでいきながらさまざまな能力を伸ばしていくという点で柔軟性の成長にはつながっているが、すべての障害児がそのような形にならなければならないと考えているわけではない。あくまで、それを必要とする人にとっての選択肢を権利として保障しているのである。

　カルガリー大学には知的障害者を支援するスタッフが、メインキャンパスに5人とセントメリーキャンパスに1人の合計6人いる。通常、1人の障害学生が取る講義は2〜3講座である。授業のサポートの一つとして講義の内容

を学生の能力レベルに合わせて変更したり、スタッフが週に4～6時間ほどいっしょに過ごして学習のサポートを行ったりしている。

　16人の障害学生たちは、授業だけではなくそのほかのレジャーや部活、アルバイト、ボランティア活動など、さまざまなアクティビティにも参加している。ある学生は「ダイノス」というスポーツチームに所属しており、試合の際にチケットもぎりの仕事をしている。また、1年前から学校帰りに病院の売店でアルバイトをしている。

　障害学生たちは心理学の授業や舞台衣装の歴史を学ぶ授業、演劇についての授業などを受講している。

(3)障害学生の保護者、障害者インストラクターの思い
　ローリーさんは知的障害があるセラさんの母親である。ローリーさんは、以下のように語っている。

　「娘セラは、5年間カルガリー大学で演劇を中心に学び、この春めでたく卒業しました。セラは、障害をもって生まれてきたことで、いつも不公平な扱いを受けてきました。学校に行き、いよいよ高校を卒業するというとき、ほかの健常の生徒さんが大学に行くという選択をし、セラにもそういう機会をもたせたいと思いました。大学のサポートプログラムにはとても感謝しています。セラはたくさんの授業を受けることができました。大学生活では、スポーツクラブの一員となりました。そこでもさまざまな活動に参加していま

写真 2-9　セラさん（障害学生）の母ローリーさん

写真 2-10　障害者インストラクターのケビン教授

第2章　カナダにおける知的障害者の大学進学　79

した。娘は、大学で社会性をしっかり学び、成長していきました。これから
よりよい人生を送れるに違いありません」

　カルガリー大学歴史学部のケビン教授は、障害者のインストラクターとい
う立場で学生の支援にあたっている。ケビン氏は、障害者支援に関して次の
ように述べている。

　「私は、2人の障害学生の支援を行っている。必要に応じてNGOのスタッ
フとメールで連絡を取り合ったり、直接会ったりして話し合いながら、学生
に一番適した学習サポートを行っている。障害学生の支援を行うとスタッフ
への連絡や学生への対応などで、通常の業務以外に多くの時間を割かなくて
はならなくなることを最初は懸念していたが、実際には、いっしょにサポー
トするスタッフとの協力関係もありスムーズに進めることができている。学
生の成功体験を確立するためには、まず学生が授業にしっかりと参加するこ
とが大切である。あとは自発的にしっかりと教員とコミュニケーションを取
ることが大事であるとアドバイスしている」

⑷カナダにおけるインクルーシブ教育の広がりとNGO（非政府組織）

　カルガリー大学とアンブローズ大学は、それ以外の20の大学のインクルー
シブ教育とはシステムが異なっている。この二つの大学は、カナダで最初に
インクルージョン・アルバータプログラムを導入した大学である。

　インクルージョン・アルバータは、正式に大学にインクルーシブ教育プロ
グラムを導入する前に、まずその組織を整えたのである。その組織をベース
にしてNGO（非政府組織）をこれらの二つの大学のなかに設置した。それ
らのNGOは、政府機関から資金を調達し、スタッフの雇用の費用や学生を
支援する資金を確保したのである。

　したがってこれらの大学は、独自の財源をもっているため、それ以外の大
学のようにインクルージョン・アルバータから職員を派遣するのではなく、
独自に職員を確保しているのである。

(5)資金提供をする州政府の立場

　州政府はインクルーシブ教育を支援しており、補助金は年々増えている。しかし、政府機関であるためさまざまな規制があり、自分たちの考えや思いが容易には実現できないこともある。そのような場合は、あきらめずに直接的な関わりをしっかりともって協力し合っている。

　いまはインクルージョン・アルバータの取り組みに理解があり支援もしているが、その理解や支援がいつまでも継続される保障はない。継続のためには、多大な労力が必要である。州政府はいま、資金を提供した結果としての障害学生の就労状況について強い関心を示している。

6 アンブローズ大学の取り組み

(1)アンブローズ大学の概要

　アンブローズ大学の創立は1921年である。キリスト教系の私立の大学で、カルガリーの南西部に位置している。現在920人の学生が在籍しており、1クラス24人という小規模で目の行き届いた教育環境のなかで、人文、科学、技術などを学んでいる。

写真2-11　アンブローズ大学にて意見交換の様子

インクルージョン・アルバータの支援を受けながら、1年間に3人の知的障害学生を受け入れている。

(2)**プログラムサポーター、障害学生、保護者の思い**

プログラムサポーターのバネッセ氏は、3人の障害学生のうちのケロップさんをサポートし、学習や学内の設備が使いやすくなるよう支援している。クラス外の活動についても、ケロップさんのボランティア活動の支援や、彼のペットショップでのアルバイトの支援などもしている。

同じくサポーターのリサ氏は、すべての障害学生の1年次を担当し、入学してから大学生活に慣れるように支援している。ケロップさんを例にすると、彼がほかの学生と同様の経験をしながら互いに親近感がもてるように支援をしている。

障害学生のケロップさんは大学生活について次のように述べている。

「好きな授業はバイオロジー(生物学)です。ボランティアをしているバレーボールチームではコーチの役割をもち、ポールというニックネームで呼ばれています。人体機能や骨の仕組み、皮膚等の詳細な部分を知りたいと興味をもっています」

またケロップさんの母親ドンさんは次のように述べている。

「母親としてケロップのことを心配していました。特にケロップが大学で提供されているプログラムに馴染むかどうかが心配でした。ケロップにはしっかりと学びたいという欲求がありました。しかし、大学側の提供している授業内容が理解できるかを心配していました。

可能な限り大学で学べるよう支援していますが、ケロップが取りたい授業の幅はとても広いのです。たとえば心理

写真2-12 ケロップさん(障害学生)と母ドンさん

学、歴史、生物、宗教の授業に参加しています。教授陣は、ケロップに教える際にさまざまな工夫をしています。たとえば心理学の授業では、彼の興味が湧くようほかの動物の行動状況例を使うなどの工夫があります。

　心理学を学んで知識が蓄積されてくると、息子と母親の会話のなかで、私がうっかり『忘れてしまった』というようなことをいうと、建設的なコメントをします。『年を取ってくると神経が絡まってきたりして、いろいろ大変なことになるのだよ』と励ましてくれます。

　こんな話ができるようになるとは予想していませんでした。大学へ行って勉強をすることは、彼にとって非常にいいことだと思っています。また、ほかの場面にでも社会性が向上したことを実感しています。それは非常に高いレベルで現れてきています。特定の人ではなく、広範囲にわたって周りの人とコミュニケーションをとることができるようになりました」

(3)一般学生の思い

　アンブローズ大学はクラスが少人数のため、サポート学生たちと障害学生との日常的なサポート体制が確立している。サポート学生は障害学生が授業についていけるよう、すべての学期に専属的にサポートしている。

　学生たちにサポートに関して意見を聞いたところ、「とても楽しく（障害学生の）セリシャさんのサポートをしています」「私たちサポート学生にとっても大きな利益があります」などの声があった。

　サポート学生にとっての利益とは、サポート学生と障害学生相互の特性や相性を見極めてきちんと配属したこと、小グループのなかにサポート学生を配属したことにより、グループの全メンバーの障害学生理解が促進したことがあげられる。さらに、想像していた不安を取り除き、一般学生と障害学生とが学内における人間関係をつくり上げてきたことが大きな利点である。

(4)教員の障害学生理解と支援のための研修

　障害学生の受け皿を固めていくために大学では、障害学生を受け入れるにあたって教員らが、インクルージョン・アルバータによる研修を受けている。

第2章　カナダにおける知的障害者の大学進学　83

インクルージョン・アルバータは、インクルーシブ教育プログラムを受け入れている大学の職員や教員、学内でリーダーシップを取る部署の職員に対し、きちんとオリエンテーションを行い情報提供している。

研修の内容は、実際に教室に立って教える教員らが障害学生を受け入れる際に、どのようにすればよりよい授業ができるようになるかなどを取り上げ、大学でインクルーシブ教育のリーダーとなる人たちが方向性をしっかりと理解することができることをめざしている。

新しい大学がこのようなインクルーシブ教育プログラムを開始する際には、最初からすべてに手を広げようとせず、まず得意な分野で小さな実践をして、その実践体験を積み上げ、多方面に広げていくことが重要である。

第3章

イギリスにおける
知的障害者の大学進学

2017年4月26日から5月5日にかけて、ヨーロッパの大学を視察した。最初にイギリス・ロンドンのジョン・ディウェイ・インディペンデント・スペシャリスト・カレッジ（John Dewey Independent Specialist College）を訪問し、その後アイルランドのダブリン大学（トリニティカレッジ・ダブリン）、アイスランドのアイスランド大学を視察した（それぞれ第4章、第5章参照）。

1 ジョン・ディウェイ・カレッジの 三つのプログラム

ジョン・ディウェイ・カレッジは、イギリスのロンドン郊外にある3年制の私立大学である。19歳以上の学生たちが公立の高校まで勉強して、その後、どうしようかというときにこの学校にやって来る。さまざまな障害学生が在籍しており、たとえば重度の自閉症の学生、身体的に歩くことができない学生など、障害種別と程度も多様である。

この大学には、三つのプログラムが用意されている。

一つ目のプログラムは、継続して教育を受けるクラスである。これは五感を高めるためのコースである。この大学に来る学生たちは、自分で選択する経験が希薄なまま成長してきているケースが多いため、このコースでは何事も自ら選択することに重きを置いている。

たとえば食事も、これまで周りの人から与えられた食事をただ食べるという環境にいた学生たちが、本当は何を食べたいのかに焦点をあて、彼らの意見を引き出しながら教育をしている。また音楽や音にしても、本当にそれが好きなのかを自ら考え選択するよう、学生たちの主体性を重視した教育をめざしている。

それらが、その後のその人の人生における、すべてのコミュニケーションの基礎となると考えているのである。好きか嫌いかという自らの意思を表現する経験を重ねていくことによって、他者とのコミュニケーションが身につくようになっていくと考えている。

教員は学生たちに対し、子どもではなく1人の大人として接している。彼

らが大人としての責任感をもてるよう、すべて大人という設定で教育をしている。

二つ目が、「ムービングオン」というプログラムである。このプログラムに参加しているのは、認知が高い学生たちである。そこでは、学習に対する自主性に焦点をあてた教育をしている。カリキュラムはすべて個々人に合わせており、同じものはない。

写真3-1 ジョン・ディ・ウェイカレッジにて意見交換の様子

まず大学に来たときに本人、両親、ソーシャルワーカーの三者で面談を行い、3年後に自分をどこにもって行くのかというゴールを設定する。そのゴールが仕事なのか、援助付就労なのか、それとも自分で料理ができるようになることなのかなど、それぞれ目標設定をしてから入学する。

そして3年後のゴールに行きつくために、四つのゴールセッティングをしている。それは自分の行動力、あるいは本を読むこと書くことや、自分の健康管理、自分の食べるものを料理するなどの四つの段階を経てゴールにたどり着く仕組みである。四つの段階のなかにさらに小さなステップがある。一つひとつをクリアしていくことを教えるのが、ここの教員の役割である。

四つのゴール設定の内容は、長期的にゴールに向かうためのもの、表現に関するもの、各段階に応じたもの、各段階における細かな目的等に関するものであり、それぞれについて教員たちが教える。

各学生の担当教員は、個々人に応じてどのようにターゲット（目標）に届くようにするのか、プログラムを組んでいく。

三つ目のプログラムは、仕事へ行くまでの過程である。3年後のゴールがあり、それに向けて3段階に分けた細かい目標が組まれている。ここに入って3年後に仕事に就く、または援助付就労をするということを目的としているコースである。

第3章 イギリスにおける知的障害者の大学進学 87

援助付就労のコースでは学生がまったく1人になることはなく、常に誰かがサポートをする体制を取っている。仕事に行くときも、サポートする支援者が就労先の会社について行っている。

教員たちも、大学周辺の企業関係の人たちとの関係を密にして、学生たちが就職できるよう努力している。1回だけの訪問では忘れられてしまうため、何度も会社に出向いている。そうすると「1年後にいらっしゃい」と言われることもあるが、そんなときは必ず1年後に行って話をまとめている。何回もステップを踏みながら仕事にこぎつけている。

会社は障害がある人を受け入れたいと思っているが、「ちょっと怖い」とか、受け入れた経験がないため「どのように受け入れていいのかわからない」というところがある。そういうことについて、教員が会社に行って説明をしていく。そうして「何も心配することはない」と安心できるようにして、学生たちと会社をつなげているのである。

2 ジョン・ディウェイ・カレッジの目標達成度評価

イギリスにはオフィステッドという国の組織があり、その団体は定期的に学校のレベルチェックを行っている。その調査が2年前にあった。そのなかで受けたさまざまなアドバイスにもとづき改革を進めた結果、翌年の調査では「非常によく改善されていてすばらしい」との評価を得ることができた。

この学校の一番難しいところは、学生たち一人ひとりに合ったプログラムを組んでいるため、ほかの学校のように学生同士を比べてどう進んだかを判定しにくいところである。

そのため2年間かけてコンピューターのプログラムを開発し、個々人がどの程度目標に近づけたかを把握できるようにしている。スタート地点での目標に対して、それができているかどうかではなく、ゴールまでどのくらい進むことができたかという基準で学生たちの進展度を測っている。

それぞれ出発点が違う学生たちが、どこまでそれぞれの方向に進むことが

できたかを計測する。すなわち、成功か失敗かではなく、過程がどういうふうに進んで行ったかを見ることが重要なのである。

3 ジョン・ディウェイ・カレッジとの意見交換

ジョン・ディウェイ・カレッジのリー教授（副校長）と、次のような一問一答を行った。

——学生は1クラスに何人か。また、オープンして何年経っているのか。

学生は1クラスに6〜7人、多いクラスで8人いる。障害のレベルはだいたい似たような学生たちだ。6人の学生に対して先生が1人だが、6人がそれぞれ与えられたタスクをしているので、同じクラスで6人が別々のことをしていることになる。

たとえば料理であれば、スプーンでかき混ぜる人、レシピを読む人、切ったりする人と分かれている。6人それぞれが違う役割をしながら、一つの授業をしている。それぞれが自分の目標をもっているが、料理という一つの大きな枠組みのなかで能力に応じて取り組んでいる。

ここは2010年にオープンした。創立者は近くのスペシャルニーズのカレッジでマネージメントをしていたが、これではいけないということでここを特別に創設した。彼らに対する教育内容として、もっと違う内容や方法があるのではないかということでここを創立したのだ。

テストなどではなく、個人の特性や性格などに焦点をあてた教育をめざしている。日本も同じだと思うが、障害者にとっては賞状をもらうことなどが大切ではなく、料理など自分で何かができることが大切だと思う。

——3年で必ずここを出ていくのか。入学した時に目標を設定して3年後に卒業するとき、それが達成できなかった場合はどのように対応するのか。延長などがあるのか。

第3章　イギリスにおける知的障害者の大学進学　89

一応3年制だが、5年いる学生もいれば2年で終わる学生もいる。個々の学生の能力による。国からの援助があればもちろん5年でもいいが、何かの状況の変化でその援助が得られない場合は短縮せざるを得ない。学生が70人いるが、そのうちの1人だけは両親が学費を全額負担し、69人が国の援助を受けている。

マーケットで手伝いをしたり、国から土地を借りて野菜を育てたりできるシステムがある。そこで野菜づくりをしたり、近くのコミュニティに出かけたりしている。ここはみんなが集まる場所ということであって、学校の外でもいろいろな活動をしている。外で活動しながら必要に応じてここでも勉強をするということだ。

カリキュラムのゴールは3年先で設定するが、2年で辞めてしまう学生やほかの学校に移る学生については、ここでの進展度記録をすべて次の学校に渡している。3年でゴールできなかった場合は、さらに1～2年いることもある。

——延長した場合は国から資金援助があるのか。

それが大きな問題の一つだ。国から毎年、援助を受けている学生の進展度をチェックしに来る。その学生がよくやっていればあと1年予算を出すこともあれば、逆にあまり進展が見られないと援助金がカットされ、学校を去らなければいけないケースもある。

そのほかに、この学校がその学生に合っているかという問題もある。どうしても合わない学生をここにずっと置いておくことも不幸なので、ほかに移っていく学生もいる。

イギリスは16歳で大人と見なされる。ここの学生たちは19歳以上なので大人だ。大人ということは選択の自由もある。いまいる学生たちは自分でここを選択して来ている。一般の大学に行くなど、ほかに選択肢があればそちらに行くのもまったく自由だ。

——この学校で国の予算を管理するのか。それともそれぞれの家庭が国と

の契約をするのか。

　国の援助金は家族にわたされ、その家族がどこに子どもを行かせるかを選択する。家族も援助金をどのように使用するのかを申請し、それを政府がチェックして判断している。

写真3-2　重度の人を対象としたデイサービスの療育ルーム

――重度の学生も自分たちで選択しているのか。

　ここではデイサービスという形で重度の人を受け入れている。その人たちは70人の学生の数には含まれていない。

――その学生たちにも国から援助金が出るのか。

　教育援助ではなく、生活介護の援助金が出る。

――その援助はずっと受けられるのか。

　基本的には一生援助を受けられる。昔は5年に一度調査があり、5年ごとに更新していた。それが3年ごとになり、いまは2年ごとに更新申請をしている。

――申請を打ち切られることもあるのか。

　非常に難しいところだが、ここに来て何ができるようになったかをチェックし、まったく進歩が見られなければ、ここに援助金を使うよりも、家庭を援助してそこでみてもらう方法を取ることがある。しかしそうなると、家族が働きに出られないというとても根深く難しい問題もある。

　だから、この学校に来た人たちに関して進歩が見られないときは、家庭に返すよりもなるべくほかの施設（重度専門の施設）に移るようにしている。「大

第3章　イギリスにおける知的障害者の大学進学　91

人になったらできるだけ家に引きこもらず社会と接点をもつこと」を自分たちのポリシーとして取り組んでいる。

——この学校のような場所はほかにもたくさんあるか。

あることはあるが、この学校はすごくユニークだと自負している。校長と副校長だけでいろいろなことが決められる。だから、学生のためによいと思えばすぐに行動に移せる。

組織が大きくなればなるほどマネジメントの層が厚くなり、決定権がとても遠くなる。そうした意味でここの学校は非常にユニークだと思う。

写真 3-3　重度自閉症のクラスで横断歩道の渡り方の授業

——入学希望者、入学試験の種類や合格率について。

基本的に希望者はできるだけ全員受け入れるようにしている。たまに受け入れられない学生がいる。それは、非常に暴力的な学生や普通の学校に行ける学生の場合で、この二つのタイプは断っている。

——定員は何人か。

建物が小さいので70人が限度だ。希望者が増えたら建物を増やす方向で考えている。そのための新しい場所を探している。もっと大きなところで運営していけるよう国と交渉していく予定だ。障害者用に建てられ、車イスでも通れるような特別な建物に移ることを考えている。

——学校の建設に補助金などはあるか。

2010年に始めたときはすべて個人の資産だった。教育を継続しているので、現在は政府もだんだん理解するようになった。これまでの実績を前面に

出してもっと支援が受けられるよう、国に対して働きかけるつもりだ。

——就職率はどのくらいか。職種はどのようなものか。

数は多くない。仕事に行っても、常にサポートする人間が必要となる。国からの援助金がないと、その人たちの給料が払えないからだ。1人だけで仕事ができる学生はいないので、非常に厳しい状況だ。保守党が政権を取っていることも関係する。保守党は生活援助金には非常に厳しい。

卒業した学生は主に庭師、コーヒーショップの裏方、ショップなどで働いている。1人だけ、普通のフルタイムの仕事でオフィスに就職した学生がいる。その学生にもサポートする人がついて見守りをしている。自閉症の学生だが非常にインテリジェントな人だ。自分を取り巻く環境のなかで自分ではできない部分があるので、いつもサポートが必要になっている。

——スタッフの人数はどのくらいか。職種・資格はどうなっているか。

私は高校で10年間演劇や美術などを教えていた。ここには教育免許をもった先生が5人いる。重度の学生が来るデイセンターで働いているのが3人。サポートワーカーをしていた人が非常に優れていて、グループリーダーに昇格してデイセンターの担当をしてもらっている。

スタッフは全部で35人。そのうちサポートワーカーが20人くらい。社会福祉関係に何らかの接点がある人、介護の経験がある人、職業訓練の資格がある人などが働いている。スタッフのなかには障害がある人もいる。

スタッフに対しても学生と同じように個人に焦点をあて、みんな一人ひとり大切なのだというポリシーのもとに雇用している。

——イギリスでは高校を卒業した知的障害者のうち、卒業後も高等教育を受けているのはどのくらいの比率か。

数的にはわからない。政府は、イギリス全土において18歳以上で仕事をしていない人は何らかの教育機関に所属しているのが理想という立場だが、現実はほど遠い状況だ。

第3章　イギリスにおける知的障害者の大学進学　93

——ロンドンではどうか。

数はよくわからない。この学校は少人数で、もっている個性に合わせてプログラムを進めていくのが特徴だ。私の想像だが、どこにも行き場がなくて家庭に返されている学生はだいたい40％くらいでないか。ロンドンといっても広いので、数についてハッキリとしたことは言えない。

写真3-4　リー副校長より学生が授業で制作した巣箱をプレゼント

——ここを利用している人たちは高校までどういう教育を受けていたか。

イギリスの政府は発達段階を8段階に分けている。1段階は新生児と同じような知的レベルで、それが8段階まである。8段階になると5歳程度の知的レベルということになる。

この学校で一番高い学生が8段階だ。だいたい5〜6レベルの学生がこの学校に通って来ているので、個人に焦点を合わせて取り組んでいる。1〜8のレベルの次にエントリーレベルがある。会社で働いている自閉症の人はエントリーレベル1の学生だ。全部で11段階に分かれている。

第4章

アイルランドにおける
知的障害者の大学進学

2017年5月1日、アイルランドの首都ダブリンにあるダブリン大学（トリニティカレッジ・ダブリン）を視察した。

1 トリニティカレッジにおける知的障害者履修コースの成り立ち

トリニティカレッジ・ダブリンでは、知的障害者履修コースで知的障害学生を受け入れている。知的障害者履修コースの開設は2005年である。ヨーロッパでは最も早い受け入れである。

開設当初は、知的障害者を大学に受け入れる上での展開の予測がつかなかったため、まずはパイロット事業としてスタートした。初年度は学生数19人で6か月のコースであった。その6か月間で大きな成果が認められたため、翌2006年からは2年間のコースで実施することになった。

運営上で難しかったのが、同コースを存続させるための資金調達であった。偶然にもその年にアイルランドでスペシャルオリンピックスがあり、ダブリン市民にトリニティカレッジの取り組みをPRした結果、市民の協力を得ることができたのである。

知的障害者履修コースの開設は、それぞれ知的障害のある子がいるダブリン大学の2人の教授が、その子らが18歳になるときに、なんとか大学に行かせたいと学内の学生サポートセンターに相談したことがきっかけだった。す

写真4-1　トリニティカレッジにて意見交換の様子

なわち、大学が知的障害者のための履修コースをつくり推進したというより、親の「子どもを大学に行かせたい」という強い願いが力となって開設されたのである。

2006年に無料でスタートした同コースは、開設当初は、国からの援助はまったくなかった。アイルランドには、さまざまなプログラムに対して資金を提供する寄付団体が存在する。また、知的障害者の高等教育保障という趣旨に賛同した有名人や、あるいは企業やボランティアからの寄付などによって資金を調達した。10年が経過して学生数の増加に伴い支援の額も不足するようになった。

2 トリニティカレッジにおける 知的障害者履修コースの位置づけ

知的障害者の履修コースは2006年から10年間、大学の社会学部に属していたが、2015年からは教育学部に変わった。

また設立後の10年間、学生に卒業証書は出していたが、学位は認められていなかった。そのため卒業後の進路選択などで、大学を卒業しているが学位は高卒となって問題が生じていた。

アイルランドでは教育のレベルが10段階に分かれ、10が博士、9が修士などと国が定めている。学位の問題は、国が定めた段階のどこにこのコース修了者を位置づけるかということであった。このコースの位置づけに関しては、今後も引き続き検討していくが、大学では、学生たちが学ぶときに段階を上げてさらに先に進んでいけるコースをつくりたいと考えている。

この大学は有名大学であるため、知的障害者を受け入れるにあたり、学内においてもこのコースに対する批判や偏見があった。しかし、学生の成長などを通じて学内でこのコースの教育上の価値が次第に認められ、偏見も薄らいでいった。

現在は、10段階のレベルの5段階で落ち着いている。また、トリニティカレッジの正式な一つのコースとして認められているためある程度の権威もあ

第4章　アイルランドにおける知的障害者の大学進学　97

り、誇りをもって取り組んでいる。入学も以前より厳しくなっている。

あるとき、アメリカのTHINK COLLEGEで教育コーディネーターをしている Debra Hart 氏が来たことがあった。それからは教育に重点を置くようになり、コースの名前も変わった。そして現在では、研究者がその場にいてリサーチすることが重要とされてきている。

３ トリニティカレッジにおける教育の内容

知的障害者の履修コースは２年間で、大学の学びを提供するだけでなく、社会に出るための移行をサポートしている。不況のため仕事に就くことが困難ななかにあっても就職できるスキルを育てるのが、このコースの目的である。

このカレッジには Inclusive Education & Society（インクルーシブ教育・社会）のマネージャー、障害者教育の専門家、作業療法士、キャリアサポーター、スクールカウンセラー、PR担当者、事務職員などがいる。作業療法士は一人ひとりのニーズに合わせたプログラムを組む役割を担っている。キャリアサポーターは企業と学生をつなぐ重要な役割を担っている。スクールカウンセラーは１対１でメンタルな相談に応じることのできるスキルをもっている。

授業は火曜日から金曜日まで、前期と後期に分けて実施している。一般学生は試験があるが、このコースの学生に試験はない。カレッジライフはインクルージョンを重視しており、一般学生との関わり、接点があるようにしている。就労については、就労に向けた努力はするが、仕事の保障はしていない。

費用は年間3,000ユーロ（約37万円）で、学ぶ意欲があり経済的に困っている学生には援助がある。

必須科目は22科目ある。１年目の前期は一般教養的な内容で、後期は実務的なもの、危機管理、作業療法などである。

２年目の前期は必須科目と選択科目に分かれている。内容は、障害者の権利についての科目、就労に向けた移行準備等である。後期は、市場調査な

どコースそのものが実習と一体となっていて、学んだことが実感できるようになっている。また企業でのインターンシップも行っている。

学生は、6つの視点で評価している。レポートに対する評価、授業における本人の状況をもとにした評価、グループでの活動に対する評価、プ

写真4-2　トリニティカレッジのDr John Kubiak（写真中央）と

レゼンテーションに対する評価、試験による評価、ポートフォリオ（教育評価）にもとづいた評価である。最初は、履修できる授業が教育学部の単位を取れるものに限定されていたが、現在は自由な選択が認められるようになった。そのため学生の評価が厳しくなった。

このコースでは、総合評価が39点以下だと不合格となる。不合格にならないために学内で行っているシステムとして、カウンセリングサービスがある。学生自身がそこに行って相談することも、トレーニングを積んだ学生に話を聞いてもらうこともできる。

ユニークなのは、チューターシステムがあることである。このコースでは、個人的アドバイスや生活に関する支援などを行うシステムを導入している。チューターシステムの役割は、学生が何をすべきか、何をすべきでないかを明確にすることである。また以前、保護者の期待と大学側の取り組みのずれが大きいことがあったが、こうしたことに関して理解を得ることも重要な役割である。

個々のチューターの役割は、課題のサポート、カレッジライフのサポート、授業で視覚的なものを準備して理解を助けること、学生の権利のサポート、自立のサポート、自立を促す指導などである。

具体的には、通学時にサポートをしたり、三者面談を実施したりしている。三者面談は学生を1人の大人として尊重し、一般学生と同じように学生のリ

クエストに応じて設定している。そのため、保護者からの一方的な問い合わせに直接応じるようなことはしない。

カレッジが期待するのは、人として勉強するようになること、人と学ぶことである。学生のなかには発達障害、LD、ADHDの学生もいる。このコースに来ている学生の能力は、国が定めた1〜10のランクで、およそ3というところである。年齢層は、開設当初の19〜45歳から現在の20〜35歳へと、年々若くなってきている。

7月と8月が大学の年度間の休みである。その約2か月の過ごし方は学生によってさまざまである。大学は関与しないが、大学の施設は自由に使えるようにしている。大学側は、休み中は学生同士が会うことを促している。

知的障害のある学生たちは、一般学生といっしょに授業を受けることはないが、スポーツやレクリエーションをいっしょのグループで行うなどしている。一部の学生は、サポートを受けながら一般学生と同じ授業を受けている。

通常は大学のキャンパスの近くの教室をベースとして授業をしているが、キャンパス内の教室でも授業を行っている。2006年にこのコースを始めた頃はほとんどの授業を大学の外の教室で行っていたが、最近はほとんどキャンパス内である。キャンパスに出て行くことはとても大切なことである。

1学年の人数は2017年現在6人である。人数的には15人までと考えている。以前は1クラス20人、2学年38人で取り組んだことがあるが、人数が多すぎて質を保つことができなかったため減らした。

授業は教育学部の教員が行う。チューターは授業とはまったく関係のない人がついている。問題が起きたらチューターに連絡がある。チューターはそれをどうすればいいかの橋渡しをするのである。

このコースの存在や学生のことについては、大学スタッフにも一般学生にもあまり知られていない現状がある。学生数は約17,000人である。あるとき大学の学生新聞がこのコースの特集を組んだ。驚いたことに、読んだ人のほとんどがこのコースのことを知らなかった。コースのスタッフたちは逆にそのことに驚いたという。

第5章

アイスランドにおける
知的障害者の大学進学

2017年5月3日、アイスランドのアイスランド大学を訪問した。

1 アイスランドの教育の位置づけ

　アイスランド大学では、障害のある学生に対してインクルーシブな4年間の教育を提供している。

　アイスランドでは6歳から16歳が初等教育、16歳から20歳が中等教育である。そして20歳までは障害の有無にかかわらず義務教育である。これは、スウェーデンやノルウェーと同じである。

　大学での教育は20歳からで、大学を卒業するのは24歳である。知的障害のある学生の20歳以後の教育には限度がある。

　アイスランド大学に来る知的障害学生は、20歳までの教育を終えていることになる。知的障害者の多くは、20歳になると仕事に出るのが現状である。

　2005年にイギリス、アイスランド、そして周辺の国々の教育関係者が集まり、20歳からの教育、インクルーシブ教育について議論があった。その頃はまだ大学で教えるというイメージはなく、この会議で話し合われたことが、大学での障害者教育に向けた教育の始まりであった。

　アイスランド大学の教育プログラムはEUからの補助金を受けてスタートした。プログラムのアイデアは、アイルランドのトリニティカレッジから得た。トリニティカレッジはそのときすでに取り組みを始めていたため、アイスランドの教育者たちが視察に行き、アイデアをもち帰った。そして2007年からこのコースをスタートさせたのである。

写真5-1　アイスランド大学グッドラン教授によるレクチャー

2 アイスランド大学の教育プログラムのタイプ

　世界の知的障害学生の大学教育プログラムには三つのタイプがある。

　一つ目はセパレートモデルである。二つ目は、障害学生と一般の学生がいっしょのプログラムで学ぶインクルージョンモデルである。三つ目はミックスモデルで、ときにはインクルージョン、ときには障害学生のみの授業を行うものである。アイスランドはインクルージョンモデルである。必要に応じて一般学生がサポートにつくことはある。障害学生を特別に取り出すことはせず、すべての授業を一般学生といっしょに受ける形である。ただし、職業訓練だけは別に行っている。

写真5-2　学生たちは皆さん明るい笑顔で青春を謳歌して充実したキャンパスライフを送っているのがよくわかった

　アイスランドの教育は、国連障害者権利条約を基盤としたインクルーシブ教育である。2007年、条約に署名したのと同時にインクルーシブ教育を始めたのである。

　このプログラムは2007年秋にスタートした2年間のコースである。教員たちは、もっと長い期間にしたかったという。2017年現在6期生が学んでおり、卒業生は56人である。

　このコースで2年間を修了すると、正式な卒業証書を出す。これは4年制大学の1、2年次に該当し、日本でいえば教養課程を修了したという証書で、学士が与えられるわけではない。

　アイスランドでも卒業証書をどうするべきか議論があった。卒業証書を出すまでは大変であった。大学の動きに加えて保護者のグループや障害者をサポートするグループの力も大きく、それによってようやく卒業証書を取得で

きるようになったのである。

3 アイスランド大学の教育プログラムの 目的とカリキュラム

　プログラムの目的は、教育関係への就労に向けて学生たちが準備できるようにすることである。たとえば幼稚園、小学校、学童施設、図書館など教育に関連した職業に就くことをめざしている。

　このコースは教育学部が受け入れているため、このプログラムに来る学生には教育に興味をもつことが求められる。大学では教育に関連した知識やスキルを育てることに重点を置いているからである。また、中等教育の次の段階を提供することも大きな目的である。

　このコースの学生は入学して最初に、障害者の歴史などを学ぶ。実際に障害者を招いて話を聞くなどして、障害に関するフレームワークを学ぶほか、卒業論文作成のために街に出て社会福祉や政治に関するインタビューをする。これは5人で1グループをつくるが、知的障害学生2人、一般学生3人というような編成で、フィールドワークを含む研究をしている。

　アイスランド大学では、2000年から社会福祉を教えていた。このコースが始まる際に知的障害者にも卒業証書を発行できるようになったため、授業内容を変えて知的障害学生も学べるようにしたのである。福祉関係のコースのため、障害学生がいることで、結果として一般学生にも人気が出てきた。選択科目だが、現在では110人を擁する大きなクラスになっている。

　キャリアガイダンスは、障害学生と一般学生がいっしょに受けるものである。このガイダンスには、学生が自信をもてるようにする要素を取り入れている。内容は2学期の企業インターンシップにつながるものである。教育関係機関にインターンシップに行くのだが、その際はサポーターが同行している。

　2年間コースのため、たとえば幼稚園にインターンシップに行く場合、1年目は「幼稚園実習1」、2年目は「幼稚園実習2」とレベルを変えている。

　2年次の1学期にキャリアガイダンスがあるが、その前に自分が行きたい

ところを決める。履修科目は自分で選択し、将来の仕事に関連するようになっている。たとえば児童施設に就労したい人は「レジャー&チルドレン」という科目を選択するというように、自分が希望する職業に関係した科目を選択するのである。

写真5-3　アイスランド大学の学生たちと

　メンターシステムは、アイルランドのトリニティカレッジのチューターシステムとは異なる。予算があまりなく、プログラムに1人しか職員を雇えないため、メンターシステムをつくって同じコースで学ぶ一般学生が障害学生をサポートするようにした。メンターは無給だが、1学期30単位のうち5単位を取得できる。これがインクルーシブ教育のいいところで、外部から誰かが来るのではなく、クラスの仲間がサポートすることが大切なのである。

　2014年に、パイロットケースとしてリサーチ（調査研究）を始めた。このコースの取り組みを整理するためにリサーチの必要性があった。そのためにはバックグラウンドとしてさまざまなデータを集める必要があった。リサーチの方法はいくつかあるが、数的リサーチのほかに聞き取り調査を重視している。大学では個別の聞き取り調査を実施し、そのデータをもとに研究している。

4 実際の授業
──卒業論文発表リハーサル

　教室では、卒業論文発表のリハーサルの授業が行われていた。
　1人目の発表者は、「幼稚園で働きたい」という学生のプレゼンテーションであった。1年目に幼稚園で実習したときに「ここで働かないか」と誘われたという。そのときはコースがまだ1年あったが、卒業してその幼稚園で働くことになったことをまとめて発表していた。

2人目の発表者は、発語が苦手な学生であった。画像と音楽を組み合わせてプレゼンテーションしていた。言葉はまったく発しなかったが、終わったときは大きな拍手をもらい、本人もとても満足そうな表情をしていた。

質問の機会を得て、いくつか学生に質問した。

写真 5-4　卒業論文発表のリハーサルを行っている

——大学に行きたいと思ったのはいつ頃か。
A1：高校を終えた20歳のとき。
A2：専門学校を経てここに来た。来たときはとても新鮮だったが、いまはそうでもない。

——何か生活上のサポートを受けているか。
A1：特に受けていない。
A2：グループホームを利用している。お金がなかったから卒業旅行に行けなかった。

——アルバイトをしている人はいるか。
（2人の学生が手を挙げた）

——ここで何を学んだか。
A1：自分を信じること。
A2：自信。
A3：平等ということ。
A4：自分の権利と平等。

第 6 章

スペインにおける
知的障害者の大学進学

1 コンプルテンセ大学における
知的障害者の受け入れ

2019年2月14日、二度目のヨーロッパ視察の最初の訪問先としてスペイン・マドリードのコンプルテンセ大学を視察した。ここでは、Esteban Sanshez Moreno（エステバン・サンシェシ・モレ）学長代理とMiguel（ミゲール）教授に話を聞いた。

(1)ヨーロッパ諸国の障害学生受け入れの状況
ヨーロッパ諸国では10年前から、大学は定員の5%の障害学生を受け入れなければならないことが法律で決められている。スペイン以外では、イタリア、ポルトガル、ドイツ、スウエーデン、ノルウェー、フィンランドなども同様に規定されている。なお、これは努力目標であり特にペナルティーはない。

国からの障害学生に対する支援には、次のようなものがある。まず、一般学生は1年次の履修科目として10科目が義務づけられているのに対し、障害学生にこの義務はなく、必ずしも10科目履修する必要はない。なかには3～4科目しか履修していない学生もいる。また、学費の一部を補助金として障害学生本人に支給している。

(2)スペインの大学における障害学生の受け入れ状況
スペインの大学では、オフィシャルのアカデミックな授業ではなく、障害学生を受け入れるための特別なコースを設定し、そこで障害学生に学ぶ機会を提供するスタイルが多い。

またスペインでは、多くの大学で知的障害学生を支援している。知的障害者を受け入れている大学はしっかりと内部整備をした上でプログラムを実施している。通常のアカデミックなコースとは異なるコースを提供するためには、学内での十分な調整が必要になる。

障害学生たちが学ぶプログラムは、大学によって内容が異なる。それら

は大学の通常のアカデミックなコースとは別に設定されている訓練コースである。似たようなコースを提供している大学が多いが、コンプルテンセ大学では「コミュニティースキル」と「自立に向けたスキル」を習得するためのコースを知的障害者に提供している。

写真 6-1　コンプルテンセ大学にて意見交換の様子

(3)障害学生支援センターの役割

障害学生支援センターでは、初めに障害学生と面接し、その学生の障害情報を収集するとともに、どの程度のどのような支援が必要かなどについて確認する。ディスレクシア（難読症）やアスペルガーの学生は、医師等による証明書を持参することになっている。

次に、当該学生のニーズの把握を行う。センターでは、把握した本人のニーズなどを大学の担当教員に伝えている。

また、担当教員へのガイダンスも行っている。ガイダンスは、教員たちが学生の障害を把握して支援するためのもので、教員たちは学生についての情報をこの機会に知ることができる。

聴覚障害のある学生に対する通訳の支援なども、センターが行っている。そのため、特別なITコミュニケーションができるよう、センターにはさまざまなIT機器も備えてある。

この大学では8万人の学生中、入学時に障害告知した学生が1,000人で、470人が支援センターを利用している。この470人のなかには知的障害学生も大勢含まれている。自閉スペクトラム症の学生もいる。また、アスペルガーなど人間関係の構築が困難な学生の支援も行っている。

なお、マドリードにある70の大学のうち、4大学に支援センターが設置さ

れている。その4大学のなかで、コンプルテンセ大学のセンターが最も大きい支援センターである。スタッフは10人だが決して十分ではなく、人数が不足していると感じている。

各大学の支援センタースタッフは、6か月から1年ごとに集まって意見交換をしている。

写真6-2　障害学生支援センターのスタッフと意見交換の様子

⑷メンターシステム

センターでは、障害がある学生のメンターシステムの運営も行っている。メンターを希望する一般学生がセンターに登録している。メンターの役割には、車いすの学生の支援、授業で習ったことの復習の支援などがある。

メンターをした学生には、金銭による対価ではなく、単位が加算される。メンターの活動で一番人気があるのは授業のノートテイキングである。試験前に授業内容を教えるメンターも人気がある。

なお、メンターになるためには3日間のトレーニングを受ける必要がある。メンターへの指導もセンターで行っている。外部の専門機関（NGO）にトレーニングを依頼することもある。

メンターは大学外でも支援をしている。学外でのメンター活動の場合は、授業料から1回あたり20ユーロ（約240円）が免除される。

⑸コンプルテンセ大学の知的障害学生クラスの状況

コンプルテンセ大学の障害学生クラスは4学期制で、30人が在籍している。在籍生は全員知的障害学生である。また2019年現在、他大学と異なるプログラムとして、新たに2学期制で2年間の、アカデミックというより実践的

なコースを開発中である。

障害学生は全員自宅から通学している。知的障害の学生は「認知アクセスプログラム」と呼ばれる、通学途中に迷わずに移動できるようになるための移動訓練プログラムを利用している。これは支援つきで通学するものである。このプログラムを利用しながら、障害学生の多くは公共交通機関で通学している。

なお、このコースでは、卒業時に学士号を取ることはできない。

入学の選考に試験はなく、面接を行っている。そこでは、入学しても精神的に不安定になっていかないかなどについて注意深く観察している。

⑹障害学生の学費と就職状況

30人の学生に対して教員は8人から12人である。

1年次は一般的な学習を行うため、授業者が大学の教授ではないときもある。2年次は専門的な学習になるため大学教授が教えている。学生の自立につながるよう看護師や社会福祉士なども授業を担当している。

コミュケーションを教える際、学内のラジオ局を使って話のトレーニングなどを行っている。これはまだ試行的段階である。他大学とは違ったプログラムを試行錯誤しながら開発しているところである。

知的障害学生の学費は無料であり、費用は大学が負担している。

このプログラムは始まったばかりのため、このコースを利用した卒業生はまだ出ていない。よって就職のデータはまだない。

2 マドリード自治大学における知的障害者の受け入れ

2019年2月15日、ヨーロッパ視察の2番目の視察先として、スペイン・マドリードのマドリード自治大学を訪問した。ここでは、マヌエル・アルバロ教授・学部長、ベアトリス教授、マンゲーダ国際化担当副学長、エングラシア・アルタ教授、イエス・マンソ助教（プロメンタープログラム担当）らか

ら話を聞いた。

(1) プロメンタープログラムの概要

　プロメンタープログラムは、主にダウン症のある子どもたちが通っている小学校で始められたプログラムを、この大学に導入することにより始まった。大学でこのプログラムを受講する学生の障害にはダウン症のほか、知的障害、自閉スペクトラム症なども含まれる。

　プロメンタープログラムは、ヨーロッパでは非常に画期的なプログラムである。この大学で始まったものだが、すでにスペインはもちろんルーマニア、イタリアの3か国で導入されている。今後は、導入大学間で学生たちの単位互換が可能となるようにしたいという。さらに、プログラムを卒業した学生がほかの国に行って、そこの学生たちを支援するようになることを願っている。

　このプログラムは、「プロデス基金」という大きな団体の傘下のプロジェクトの一つで、ダウン症や障害のある学生たちが大学へ進学できるように手助けをするプログラムでもある。基本は、インクルーシブの枠組みとして取り組んでいる。

　プログラムは2005年にスタートした。その後13年間の間にプログラムの

写真6-3　マドリード自治大学の皆さんと

112

内容も変化していった。2018年に120単位が認められるようになった。おおむね1年に60単位という設定のため、大学の2年分に該当する。

1学年定員15人がこのプログラムで学んでいる。2017年にはすでに173人の学生がこのプログラムを受講した。

なお、スペイン各地の大学がプロメンタープログラムに興味を示している。

(2)プロメンタープログラムの内容

プロメンタープログラムでは1年次と2年次に、主に人間関係に焦点をあてたコミュニケーションスキルを学ぶ。

1年次には基礎理論を学び、2年次にそれを実践するという流れになっている。2年次には、たとえば病院などいろいろなところに行って実践するプログラムが組まれている。2年間のさまざまな活動を通して、アカデミックな部分だけでなく、さまざまな現場での体験学習を実践するのである。また他大学の学生との交換留学にも取り組んでいる。

なお、コースそのものは2年だが、その後に1年継続もできるシステムになっている。そのため全員が3年目に進んでいて、3年目で就職活動支援を行っている。

この3年次には、「プロデス基金」の関連企業などで実習できることが約束されている。座学ではなく、実際に病院などに行って就労体験をするのである。

(3)プログラム参加学生の卒業後

3年間のプログラムを終了して卒業した学生は、95%が就職している。この事実からすると、このプログラムは見事に成功しているといっていいだろう。

自力通勤が困難だったある卒業生は、最初こそ支援者がいっしょに通勤していたが、支援の比率がだんだん少なくなり、最終的には1人で通勤できるようになった。

卒業生の就職先の職種は事務関係が多い。学校やショップなどで働いてい

第6章 スペインにおける知的障害者の大学進学 113

る人もいる。

(4)プログラムの運営費

　プログラムの運営費は、「プロデス基金」により賄われている。この大学は市立大学であるから、市からの援助金もある。

　障害学生の学費は、15人中13人が一般の学費とは比較にならないほどの少額を負担している。残る2人の学生は奨学金を受けている。「プロデス基金」が学生各自の家庭環境を調査し、その結果をふまえて負担額を決めている。

(5)入学選抜

　大学の入学選抜は、毎年約400人が応募し、そのなかから試験を通して定員の15人に絞り込まれる。プロメンタープログラムは個人に焦点をあてたプログラムであるため、15人しか受け入れられないのである。

　選考基準の一つは、キャンパスに1人で来られることである。これは、途中で通学支援がなくなって大学に通学できなくなり、プログラムを中退することがないようにするためである。

　選抜試験の方法は、400人の応募者とその家族との個別面接である。プログラムを成功させるために家族の協力が不可欠なため、家族とも会う必要がある。

(6)実際の授業

　プロメンタープログラムは、4つのクラスに分かれて授業が行われている。

　Aクラスでは、iPadを使用して情動についての教育を行っていた。学生たちが読んでいるのは、教員が作成したプログラムである。情動や心の動きについて勉強するのは、他者とのコミュニケーションを行う際、喜怒哀楽など表面からは見えない心の部分が非常に大切だからである。

　Bクラスの学生たちは、ヨーロッパ市民ということについて勉強していた。学生たちのなかにはトルコやフランスから来た人などもいるため、それぞれの情報を共有しながらヨーロッパ各地のことを勉強している。授業には、ト

写真6-4　Aクラスでは iPad を使用して情動について学んでいる

写真6-5　Bクラスでは、ヨーロッパの国々について学んでいる

ルコ出身のボランティア学生も加わっていっしょに学習している。

　Cクラスでは、教員が作成したゲームソフトを使用してお金の使い方を学んでいる。お釣りや両替などをゲームの中で体験している。

　また、Dクラスでは卒業論文の作成をしている。『文化とインクルーシブ』『多様な価値観』『仕事の探し方』『職場における感情コントロール』などのテーマを設定し論文執筆に励んでいる。

　学生たちに「どんなことを目標にこの大学に入ったのか」という質問を投げかけた。

　Aさんは「よりよい人間になるために、また友達をつくるために大学に通って学んでいます。2年生はあと5か月でこのクラスが終わります。その後は、

第6章　スペインにおける知的障害者の大学進学　115

写真6-6　Cクラスでは、ゲームソフトを使用して、お金の使い方を学んでいる

写真6-7　Dクラスでは卒業論文の作成をしている。

マスタークラスに行って仕事をします」と答えている。

　また、各クラスの学生たちに今何の勉強をしているのか質問をした。

　Bさんは「数学の勉強をしています。ユーロからほかの紙幣に換算する数学の勉強を、ゲーム形式でやっています。このソフトはとても高額なものです。このプログラムはこの大学の先生によって開発されたオリジナルです。外貨の交換や、おつりをいくらわたすかなど難しい授業をしています」との答えであった。

　教育学部のCさんは「教育実習中です。将来ここの先生になりたいです。いま卒論の発表の前段階なので、情報収集とどんなふうにまとめるかをここ

でやっています。トレーニングを毎週していて、それが早くできると、先生がいろいろなところを直してくださいます。今週やったことをもとに、それをどうしたら改善できるかということを出し合い、来週に改善策を話し合うことになっています」と話していた。

Dクラスの学生は、自分でテーマを決めて研究し、卒業論文を書いていた。そこで「何をテーマに研究しているのか」を質問した。それぞれ次のような回答であった。

　　先のCさん「インクルーシブ文化というのがメインテーマで、美術館においていろいろな能力が違う人をどのようにして呼び込むかという内容について研究しています」

　　Dさん「多様な価値観について研究しています。自分の価値観、ここに来ていることの価値について卒論を書いています」

　　Eさん「いろいろな段階において、どのようにして仕事を探して行くかというのが卒論のテーマです」

　　Fさん「会社において、どのような感情をもって仕事をするかという、仕事におけるエンパシー（共感）のことが卒論のテーマです」

各学生とも、しっかりとしたテーマで研究していることがうかがえた。次に、将来就きたい仕事について質問した。

Aさんは「レストランで働きたいです。クッキングが好きだからです」と、Bさんは「サマーキャンプなどのスーパーバイザーの仕事をしてみたいです」と、それぞれ答えていた。

2年生になると卒論と職業訓練の両輪になり、学生たちは非常に忙しくなるという。

このプログラムが始まった当初、それが大学のなかで認知されるのが非常に大変であったようだ。教員たちが、知的障害者にどうやって教えていけばいいかわからなかったからである。そこで、「自分は教えてもよい」というボランティアの教員約10人で教えていた。その後、支援する教員のトレーニングも、この大学のプログラムで行うようになった。

3年間のプログラムを経て卒業した人たちも、年に何度か大学に来て交流

第6章　スペインにおける知的障害者の大学進学　117

している。卒業生と大学との関係が切れることがないように配慮している、とのことであった。

(7)リサーチグループの活動

リサーチグループでは、2人の教員が中心になってプロメンタープログラムのシラバス（計画）を作成している。これに対しては、大学の評価期間によるバリデーション（評価検証）がある。シラバスを作成するにあたり、同じスペイン語圏のチリとアルゼンチンの大学にも視察調査を行っている。

リサーチグループは15人の研究メンバーで構成されている。実際に関わっている教員のほか、学生も参加している。

学生の卒業後の就職のためにも、企業の人たちにインクルーシブ教育を理解してもらうためにも、企業に対して支援することが必要である。また就職のために自信をつけるだけではなく、ティーチングのバリエーションも広げて、社会全体を通したすべての分野で自信がつけられるようにも留意している。

また、スペイン語圏のチリとエクアドルの大学とで共同研究を実施した。卒業後の就職先での追跡調査である。

それによると、卒業生173人のうち、75%は普通の企業に就職しているが、25%は福祉作業所で支援を受けながら働いていた。職種は、事務的なアシスタントが多い。調査方法は、卒業生とその就職先の会社への聞き取りである。就職してから1回だけではなく、段階を経て継続的にリサーチを行っている。その結果、彼らが特に優位だったことは「責任」「意欲」「スキル」の三つであった。

第7章

イタリアにおける
知的障害者の大学進学

1 障害者を取り巻く イタリアの歴史

　イタリアでは1970年代まで、障害のある子どもはほかの子どもとは違うと見られていた。そのため医学的背景からのサポートや収容などの医学的アプローチはあっても、社会的なサポートは皆無であった。

　障害児の多くは特別支援学校に行っていた。1980年代になって、文化的・社会的変革があり、障害があっても特別なことではないという考え方から社会が多様化し、障害に対して開放的なとらえ方に変わってきた。

　精神障害者を収容していた精神病棟はこの時期、1978年には完全閉鎖された。一方、特別支援学校も数百校あったものが、わずか24校に減少した。2019年現在、特別支援学校に通っている生徒たちは、医療的ケアの必要な最重度の身体・知的障害者のみである。

　インクルーシブ教育は1971年に始まり、1977年までの間に特別の補助教員に対する教育もスタートした。このようにして、イタリアでは1970年代からインクルーシブ教育がスタートしたのである。とはいえ70年代当時は社会が成長しておらず、障害者を普通学校で受け入れることにはさまざまな障壁があった。

　1990年代に入ると、社会は統合のアプローチになって、社会のなかで障害者も完全に統合されるようになった。そして1992年の法律改正で、障害者が大学で学ぶ権利が保障された。そのほか、福祉サービス事業所から大学に通う権利、地域のレジャータイムに参加できる権利、学校内でアシスタントを正式な教員として認められる権利、障害者の就職の権利、親も国から援助を受けることができる権利などが拡充されていった。

　1990年代までは医学モデルであったが、2000年からはインクルージョンというアプローチが導入され、社会モデルへとシフトしていった。これは、身体上どんなに違いがあってもみな同じという概念である。教育においても、どんな特別な教育的ニーズに対しても必ず学校の教員はしっかりと対応しなければならない、ということである。学習、社会性、就職、ライフスキルな

どのあらゆる権利をまとめてインクルージョンのなかで達成することが保障されているのである。

イタリアの子どもたちは、小さい頃から障害のある子どもといっしょに教育を受けている。このことはその健常の子どもの人生にとってとても大きな意味があり、障害児とともに育ちともに過ごすと、障害に対する差別や偏見がなくなるのだという。

2 サクロ・クオーレ・カトリック大学における知的障害者の受け入れ

サクロ・クオーレ・カトリック大学は、1910年に開学されたとても歴史のある大学である。学生数は3万人で、そのうち障害者が1,388人である。障害学生の多くは身体障害、視覚障害、聴覚障害、精神障害である。またディスレクシア、学習障害（LD）などのほか、知的障害者も10人ほど在籍している。

知的障害学生の知能指数はおおむね70以下である。知的障害の証明が出されるのがIQ70以下であり、70から80のボーダーラインの人には証明は出されない。学生のなかには、ボーダーラインの学生がたくさんいるということである。

写真7-1　サクロ・クオーレ・カトリック大学の皆さんと

写真7-2　サクロ・クオーレ・カトリック大学にて意見交換の様子

　大学入試では、障害がある受験生に対して時間の延長、コンピュータの使用、口頭での回答などの合理的配慮を行っている。しかし、試験内容の難易度を下げることはしていない。

　障害学生の所属は、教育学部が一番多い。ほかには経済学部、文学部、社会学部などに所属している。なお、知的障害学生が所属するのはほとんどが教育学部である。

　障害学生を受け入れるにあたり、大学は個人の障害や成長に合わせたプログラムを組まなければならないことになっている。それらのプログラムには次の三つの柱がある。一つは教育的支援、二つ目が自尊感情を高める支援、三つ目が自己肯定感を高める支援である。

　障害学生は、学費が一般学生よりも安く設定されている。保護者の収入によっても異なるが、おおむね1年間で5,000ユーロ（約61万円）である。

　学内の障害学生に対しては、一般学生がマンツーマンで移動支援やノートテイキングなどのサポートを行っている。サポート学生には国から、1か月の支援費として430ユーロ（約5.3万円）が支給される。

　卒業試験で知的障害学生が特別に配慮されることはない。そのため、卒業することは非常に難しいようだ。したがって、卒業できない場合は大学中退という形を取ることになるという。

第 8 章

オーストラリアにおける
知的障害者の大学進学

2016年8月14〜21日、オーストラリアのシドニー大学とフリンダース大学を視察した。

1 シドニー大学視察概要

(1)CDS（Centre for Disabilities Studies：障害研究センター）の概要

オーストラリア・ニューサウスウェールズ州のシドニー大学Medical Foundation Campusに1997年、発達障害に関する研究を目的として「CDDS」（Centre for Developmental Disabilities Studies）が創立された。Trevor Parmenter（トレバー・パーメンター）教授らがシドニー医科大学と協力してつくったもので、同教授が初代センター長に就任した。

当初は発達障害に特化した研究を行っていたが2008年、範囲を拡大してさまざまな障害についての研究を行うことになり、名称も「CDS」（Centre for Disabilities Studies）に変更された。

写真8-1　Medical Foundation Campus

写真8-2　トレバー・パーメンター教授

このセンターは非営利団体で、ニューサウスウェールズ州政府や国際機関とも協力関係をもちながら運営されている。2012年にはセンター長がPatricia O'Brien（パトリシア・オブライアン）氏に代わり、研究・評価・コンサルティ

ング・専門の発展・トレーニング・臨床サービスなど多くの分野で障害者の生活向上をめざしている。

このセンターのビジョンは、「変革のための能力構築」である。このセンターでは、さまざまな活動を行っている。

写真8-3　パトリシア・オブライアンセンター長

まず、研究活動である。障害者に関する研究が非常に活発で、国内ばかりではなく国際的な研究にも重点を置いている。また、国際的な活動を通じてさまざまな研究成果を共有し、洞察力や経験と実践の成果を国際的に共有し、さまざまなプロジェクトの設計や開発を進めている。

次に、知的障害者に対して卒業証書を取得できるためのコースを設けている。さらにセンターは二つのクリニックを運営して、障害学生のための医療活動も行っている。

センターに勤務している人は、医療関係者、健康科学研究者、教育者、心理学研究者、言語聴覚士、社会学者、法律関係者など専門職スタッフが研究チームを構成し、臨床的な研究や構築した理論を現場に適応することによって、障害者の生活をより向上させていくための実践の発展をめざしている。

(2) CDS研修プログラムの概要

CDSは2015年12月2日、視察に訪れた我々「ゆたかカレッジ」研究チームのために5つの研修プログラムを用意した。その内容は以下の通りである。

プログラム1　インクルーシブ教育プログラム「IEP」(Inclusive Education Program) のプレゼンテーション (フレデリック・ギャドゥ氏、ジャミマ・マク・ドナルド氏)

プログラム2　当事者学生、家族との意見交換

写真8-4 プログラム1「インクルーシブ教育プログラム」

写真8-5 プログラム2「当事者学生、家族との意見交換」

プログラム3 「CDS教育パッケージ〜本人主体〜」のプレゼンテーション（キリー・ゴーマン氏）

プログラム4 「生涯学習の重要性」の講話（トレバーパー・メンター氏）

プログラム5 「支援ニーズのための方法と評価（I CAN）」のプレゼンテーション（サム・アーノルド氏）

(3) CDS研修プログラムの内容

プログラム1の講師、Friederike Gadow（フレデリック・ギャドウ）研究員は、言語病理学を専門とし、これまでIEP（インクルーシブ教育プログラム）の研究に携わってきた1人である。講義の内容は、シドニー大学におけるインクルーシブ教育の実情である。

それは国連障害者権利条約24条を基本的な根拠とするもので、世界で知的障害者における高等教育推進のイニシアティブをとっている大学などを紹介し、同センターでインクルーシブ教育が始まった経緯について説明した。

またJamima Mac Donald（ジャミマ・マク・ドナルド）研究員は主に教育関係に携わっており、現在の活動の内容や今後の課題について紹介した。

プログラム2の当事者学生らへのインタビューでは、実際にIEPを受けている当事者から、どのような体験をしているのか、また自らはどのような成果を感じているのかなど、大学生活の当事者ならではの発言があり、さらに保護

写真8-6　プログラム3「CDS教育パッケージ～本人主体～」　　写真8-7　プログラム5「支援ニーズのための方法と評価」

者から見る当事者の様子などについても意見発表があった（大要は第4部）。

　プログラム3では、心理療法を専門とし、このプロジェクトのマネージャーを務めているKylie Gorman（キリー・ゴーマン）氏による「CDS教育パッケージ～本人主体～」の説明が行われた。

　そのパッケージは、障害者を対象とした教育者や支援者に対する障害者支援研修プログラムであり、センターで行われている教育方法を一般に提供し、研修を受けた後に社会全体の理解を深め、さらに広げていこうとする活動である。これまでに600人以上の一般受講者がおり、年々増加傾向が見られるとのことであった。

　プログラム4では、生涯学習の重要性についてパーメンター名誉教授による講話があった（大要は第2節2）。パーメンター氏は1974年、マッコーリ大学で研究を重ね、知的障害者が中等教育を修了した後もさらに学べる環境が必要であると考え、社会に出る前の準備機関として「Work Preparation Center」（職業準備センター）を立ち上げた。その結果、高等学校卒業後のさらなる教育の重要性について確信したという。

　その活動は世界に広がり1999年にはIASSIDD（国際知的発達障害学会）の会長を務めた実績をもつ。シドニー大学CDSの創立者で、現在も障害者に教育の機会を設ける必要性についてさまざまなところで講演を続け、世界に発信している。

プログラム5では、支援ニーズのための方法と評価についてSam Arnold（サム・アーノルド）氏がプレゼンテーションを行った。アーノルド氏はさまざまな実態を分析するなかで、当事者に必要な支援とは何か、またどの程度の支援が必要とされるのかについて研究を深め、実践に活用している。

そこで紹介されたのが「I CAN」という評価ツールである。このツールを繰り返し使っていくことでどれだけの成長が見られるかなどが数値として現れること、このシステムがどのような役割を果たしているのか、などについて説明があった。

2 インクルーシブ教育プログラムの普及の現状

(1)国際的に見たインクルーシブ教育プログラムの現状

国連障害者権利条約の第24条には「締約国は教育について障害者の権利を認める」と謳われている。オーストラリアはこの権利条約の批准国であるため、大学教育を含めたあらゆる教育を受ける機会を障害者に提供する義務がある。

しかし、こうした条約を批准したにもかかわらず、知的障害者が大学レベルの教育を受ける機会は非常に限られている。今日この分野は、国際的に関心の高い分野である。

ちなみに、CDS現センター長のパトリシア・オブライアン教授はかつて、アイルランドでこの分野のイニシアティブをとっているトリニティーカレッジに勤務していたため、CDSは同カレッジとも強い交流関係をもっているという。

オーストラリアで大学のインクルーシブ教育を行っている大学は、わずか2校である。シドニー大学はその一つであり、もう一つが南オーストラリア州アデレードにあるフリンダース大学である。フリンダース大学は1999年のスタート、シドニー大学は2012年のスタートである。この両大学はいわゆる完全統合型の教育を行っている。

128

⑵パーメンター教授による「生涯学習の重要性」

パーメンター教授が知的障害児特別支援学校の校長をしていた1970年代当時、高等部を卒業したほとんどの生徒は世間から隔離された作業所に行っていた。パーメンター氏はそのことに疑問を感じていた。多くの卒業生たちは普通の職業に就くだけのスキルをもっていると思えたからだ。

パーメンター教授は、我々に次のことを語った。

理念上も心理学上においても中等教育を受けた生徒たちは、さらに高い教育を受けるべきだと考えるのは当然である。理念上では、障害がある人たちも同じ教育を受ける権利をもっているといえる。

教育心理学を学んだ人にとっては容易に理解できることだが、知的障害者が一般の人たちよりも発達が遅いことを考えれば、学ぶことは身体的にも知的にもさらに年を重ねたほうが意味のあるものになる。

したがって、そうした子どもたちが成長していく上で、成長する時期における教育の重要性は強調しても強調し過ぎることはない。18歳で卒業した後にこれからさらに成熟していく上で、それ以降の能力を高めていくための教育は非常に重要だと考えられる。

⑶シドニー大学におけるインクルーシブ教育の成り立ちと経緯

オブライアン氏はアイルランドのトリニティーカレッジでの経験を得た後の2012年、CDSのセンター長に就任した。アイルランドで学んだインクルーシブ教育を、さらにオーストラリアで展開するプロジェクトが始まった。

幸いなことにオブライアンセンター長は、当時このインクルーシブ教育の分野に熱心だった州政府の職員と出会った。同職員は非常に協力的であり、助成金を受けることができた。それによりこのプロジェクトの開始が実現した。

プロジェクトチームの最初の取り組みとして、まずインクルーシブ教育推進委員会を設立した。そして知的障害のある5人の青年たちに、大学で6か月間学ぶことに関心があるかを尋ねた。すると全員が大学生活を希望し、その学生たちは大学で6か月間学ぶことになった。

大学は補助金で、学生たちの学内での社会的交流の支援を担当する2人の

第8章 オーストラリアにおける知的障害者の大学進学 129

コーディネーターを雇用した。また補助金の一部をリサーチ活動にも活用した。このパイロット事業の実施で学生たちがどのような経験をし、そのなかで何を獲得したのか、またメンターとして一般の学生たちがどのような体験をしたのかのリサーチも行った。

シドニー大学が使ったのは「聴講生モデル」である。「聴講生」とは講義への参加やチュートリアル（個別指導）に参加はできるが、単位の取得ができない学生のことである。このプロジェクトに参加した学生たちは、自分がもっている強みや能力などの関心にもとづいて特定の授業に参加することが求められた。

この6か月のパイロット事業が成功したことにより、その後2年間のプログラムが導入された。大学は、このコースが終わった学生にプログラム終了の証として修了証書をわたしている。

3 シドニー大学における インクルーシブ教育の実際

(1)学生や教員から見たインクルーシブ教育の印象

最初のパイロット事業で学んだ学生たちは、この6か月のプロジェクトの印象について次のように述べている。

「6か月間、大学に溶け込んでいた気がするし、受け入れてもらったようでとても満足している。あとで仕事をするときに必要となるスキルを学ぶことができた。また、友達と会って楽しむことができた」

これは、とても重要な点である。

また、教員からのフィードバックの意見のなかには、単にやらなければならないからではなく、「人権という意識を高めることができた」という意見があった。すなわち、学生たちにとってだけではなく、教員にとって、また大学全体にとって貴重な経験であったという意見が出ているのである。

一般学生からは、それまで直接的に知的障害者とふれあったことがない学生が、このような機会があったことをとてもポジティブにとらえた意見も出

ていた。

(2) 2年間のプロジェクトの内容

パイロット事業の終了後、推進委員会はこの事業を、継続して行うだけの価値のあるプロジェクトと判断した。そして州政府の補助金を受け、2年間のプロジェクトを進めていくことになった。

その後、2013年と2014年の2年コースがスタートし、学生は10人に増加した。大学での科目はあくまで学生自身が選択し、教員側から特定の教科の受講をすすめることはしなかった。その結果、2年間で10人の学生たちが学んだ教科は5つの学部にわたっている。

パイロット事業で明らかになったことは、より個人ベースの支援が必要であること、グローバルな視点に立って最も適切な教育方法を学び、導入するべきであるということだった。

そこで補助金をさらに増額してもらい、その分を個別授業に充てることにより、マンツーマンの対応ができる形式を導入した。各学生には、メンター（一般学生のボランティア）がついている。それは徐々に増え、20人の学生がメンター役を希望した。

2014年には、シドニー大学の中心にある伝統的な建物において、プログラムに参加している学生とメンターに、その功績をたたえる表彰式が行われた。

(3) Christopher Barton（クリストファー・バートン）さんと
スタッフのDamada（ダマダ）氏との対談

学生のバートンさんが、スタッフのダマダ氏と大学生活について対談した内容を紹介する。

ダマダ：バートンはどうしてシドニー大学を選んだのか。

バートン：この大学が知的障害者に大学で勉強できる機会を提供しているから。高校を卒業したときに大学に行きたかったけど、大学に行くための点数がなかった。だから残念だと思っていたときにシドニー大学のイ

第8章　オーストラリアにおける知的障害者の大学進学　131

ンクルーシブ教育を知って、行ってみたいと思った。

　実際に大学に行ってどんな教科があるのか話を聞くなかで、栄養学について勉強したいと思った。栄養学を選んだ理由は、もっと栄養について知りたいと思ったから。人から「どこの大学に行っているの？」とよく質問される。そのときは「お父さんが行った大学と同じ大学」と答えている。

ダマダ：この事業は、若い知的障害者に対して教育の機会を提供することを目的に、2012年にスタートした。成功するかどうかわからないなかで、試験的に導入した。その結果、実際に参加した学生たちの自立心がとても強く芽生え、自己主張する態度が育ってきた。その成果に確信を得てその後も継続していくことになり、本格プロジェクトに発展していった。

　大学では、1人の学生にメンターと呼ばれる学生が2人ついて個別指導の手伝いをすることで、大学で必要とされるさまざまな支援を提供している。

　メンターには2種類あって、メンターの1人は勉強の手伝い、もう1人は生活面のサポートを担当する。いっしょにコーヒーを飲みに行ったりする。メンターとの関係は、うまくいったりいかなかったりいろいろだ。

⑷パイロット事業で見えてきたプロジェクト成功のための7つの秘訣

　パイロット事業の結果、プロジェクトを成功に導くためには、以下の7つの要素が必要であることが明らかになった。

　①プログラムをコーディネートするスタッフが2人以上は必要である。CDSでは、正規のスタッフとパートスタッフの2人が対応にあたっている。スタッフの仕事はあくまで陰の仕事であり、各障害学生とパートナーになっているメンターのファシリテーター（陰の推進者）として、障害学生が授業を上手く受けるために一般学生と関係づくりをしている。

　②CDSの9人の学生は、強い動機をもってプロジェクトに参加している。彼らの関心事はバラバラで、大学内にある多様な機会を利用して活動している。9人というのは、一人ひとりに対して個別に対応できる人数で、あまり多くない人数であることがポイントである。

③学生たちを受け入れている学部は6学部ある。それらは、「アート」（キャンパス内にあるシドニー芸術大学）「ヘルス・健康」「ビジネス」「社会科学」「教育」「音楽」の6つである。IEPのベースにあるのは、大学生活のあらゆることに学生たちが積極的に参加するということである。

④メンターは、このプロジェクト成功の一番大きな要素である。メンターは一般学生で2種類あり、一つは勉強の部分の支援、もう一つは社会的な支援である。

勉強の部分のメンターを「アカデミックメンター」といい、学生たちといっしょに講義を受け、不明な点を手助けしている。障害学生にとって慣れた人からの支援は安心する。また授業中のみならず、授業の前後にも必要な支援を提供している。

もう1人のメンターは社会的部分を担当し、そのメンターを「ソーシャルメンター」と呼んでいる。ソーシャルメンターは、放課後いっしょにコーヒーを飲んだり、同好会に参加したり、ショッピングに出かけたりしている。そのほかにも、本人がしたいことがあれば、それにつき合う支援をしている。

このメンターを決めるのは、学生とメンター希望者とを「お見合い」のような形で行うマッチングである。まずメンターになりたい人が応募し、その学生がどのようなことに関心があるのか面談し、IEPの学生とマッチメイキングをするのである。

現在、メンターの役割を引き受けているのは20人以上にのぼっている。メンターは原則として学期ごとに交代し、その度にマッチメイキングをする。一度メンターを経験した人は何度も応募している。

⑤五つ目の構成要素はチューター（個別指導員）である。このプログラムのチューターは、シドニー大学で古代史を教えている講師である。その講師はもともと大学で古代史を教えていたが、その際に知的障害学生がその授業を受けており、その学生に強い関心を抱いた。そこで、その講師に有給のコンサルタントをしてもらうことになったのである。

2週間に1回の頻度で、一人ひとりに45分間の個人指導（チュータリング）を行っている。個人指導の目的の一つは、学生が大学の授業をもっと理解し

やすいようにすること。もう一つは、各学期の終わりに自分が学んだことについて80人ほどの前で一人ひとりプレゼンテーションをするが、その際に手伝ったり個人的な指導をしたりする役割がある。

⑥六つ目の秘訣は、大学生のキャンパスライフである。勉強だけでなく大学におけるさまざまな社会的な活動が重要である。教員やソーシャルメンターは、学生に対し同好会やサークル活動などへの積極的な参加をすすめている。

⑦最後の重要な秘訣は、家族や支援者たちである。センターは家族や支援者たちと密接な関係を保ち、お互いに価値観を共有していることを確認し、それにもとづいて適切なサービスを提供することを常に心がけている。そうした活動を続けながら教員やメンター、学生たちからフィードバックを受け、常に改善に取り組んでいる。

⑸教員と学生のプロジェクトに対するフィードバック

教員からフィードバックされた意見は以下の内容である。

「クラスのなかで彼らは本当にすばらしい学生たちだ。ほかの人たちよりまじめに勉強している」

「自分の講義に出席するのをとても楽しみにしている。常に一生懸命で集中力がすごくある。一生懸命やる姿がすばらしい」

「学生はいつもやる気満々で、ほとんどの授業に出て、会いに来る」

障害学生たちからフィードバックされた意見は以下の内容である。

「ときどき、不可能なことを夢見る。しかし、その不可能が現実にできたとき、それは奇跡といっていい。このシドニー大学に出席する機会が得られ、インクルーシブ教育のおかげでそう感じることができた」

「大学に属していると感じることができる。大学が大好きだ」

「シドニー大学でのIEPプログラムを受ける前は、特別支援学校の生徒だった。いまは、独立した"大人"として、もっと広い世界で学んでいる1人の人間だ」

メンターの、日々の活動についての意見は以下の通りである。

「ソーシャルメンターをしている。近くにいていろんなことが上手くいっているかを見守っている役割だ。生活を楽しんでいるということを保障するための役割だ」

「いろんな経験をしたり、楽しんだりするお手伝いが私の役割だ」

「インクルージョンとは、受け入れること。いっしょにすること。阻害するのではなくいっしょに何かをすること。みんながリラックスすること。参加に平等の機会を提供することだと思う」

「社会的あるいは学業において、メンターが支援を提供することによって、障害のある学生たちに愛や平等、幸せを共有するコミュニティが築かれる。したがって、障害者が受けるべき権利を擁護する保障になっている」

「IEPプログラムは、障害者の教育制度をつくることがいかに重要かを教えてくれた。つまり学生たちが、主流の教育制度に合わせていくのではなく、学生たちに対して新しく創ることが大事なのだ。ということで、このIEPプログラムの提供が私にとってとてもありがたいと思っている」

「このプログラムに参加したことは自分の経験を豊かにしたし、さまざまな情報を与えられる機会にもなった」

⑹プロジェクトの今後の方向性

このプロジェクトを継続していく方法や、州政府からの補助金の継続を指向していく方法を検討する上で懸念されている問題は、国が主導して導入された「障害者保険制度」である。この保険制度の導入により新しい機会が設けられる一方で、これまでのやり方を大きく変えなければならないところが出てきている。

そこでCDSは、今後は「社会的企業モデル」をベースにしていくことを検討している。すなわちCDSとしては、社会的市民であるとりわけ慈善事業に協力的で活発な企業等にアプローチし、ビジネス関係をもちながら、これまでのやり方を継続していくというビジネスモデルを模索している。たとえば、企業がスポンサーとなり奨学金を出すとか、学生一人ひとりに対してお金を出してもらうことなども考えている。

その一方で、これまでのプログラムをさらに改善していく努力を続けることも推進している。また、大学のキャンパス内でもこのプロジェクトが拡大しつつあるため、大学の支援の規模も大きくなってきている。そこで、さらに学内でのさまざまな活動に参加できるようロビー活動を続けていく予定である。

CDSは今後、学生たちのインターンシップの導入も検討している。学生個々人のやりたいことはさまざまだが、国際的なリサーチにおいても明らかになったように、職場での経験、コミュニティでの経験を、実際の現場で行う機会をつくっていくことが必要と考えている。

4 プロジェクト参加学生へのインタビュー

(1)ステファニーさんの話

私は栄養学を勉強した。特に、健康とスポーツを勉強した。いろんな学科を勉強したが、どれもとても楽しいと思った。

私はこのプログラムのことを、前にこのプログラムのコースに通っていた友だちから聞いた。その彼女から、どういうコースだったかとか、2年間どうだったかを聞いて知った。

このプログラムに関心をもった理由は、初めは母が、私に大学に行ってほしい、もっと学んでほしいと思っていたからだ。もちろん私自身も、もっと学びたいと思った。

大学生活で、私にはメンターが3人ついた。まずマンリーさん。彼女には、私が勉強してきた二つの教科でいろいろ手伝ってもらった。「ヘルス＆スポーツ」という教科と、「若者と文化」という教科だ。

2人目はグリーさん。彼にはスポーツコーチングの部分で勉強を手伝ってもらった。その2人は同じ教科を勉強していた人ではなく、ただ自分が授業

を受けるときにいっしょに来て隣に座っていた。

　3人目はミッキーさん。彼女には、ソーシャルネットワークでいろいろと人とのつき合いの輪を広げるときに手伝ってもらった。いろいろな話をした。

　私にとってこの大学に入って一番よかったと思うことは、この大学で勉強し始める前は自分に自信がなく1人では何もできなかったが、社会に出るためのいろいろな勉強をすることを通して、自分1人でもさまざまなことができるようになったこと。つまり、自立できたということだ。

　一方、大学生活で一番難しかったことは、これから先生になろうとして勉強している教育学部の学生たちとグループプロジェクトを組んだとき。そのときのコミュニケーションの手段としてフェイスブックが使われた。そのフェイスブックではみんなチャットをしているが、一つのトピックでずっと同じ話をしているわけではなく、話題がそれたり別の話題に移ったりすることが頻繁に起こる。自分は、その流れについていけないという問題があった。

　最終的に、このプロジェクトのコミュニケーションの手段としては、フェイスブックよりEメールの方がいいだろうということになり、変更になった。私にとっては、フェイスブックを使ったコミュニケーションが一番難しかった。

　来年度、一番楽しみにしているのは、夏休みが明けて、友達とまた会えること。家庭や地域での生活で一番の変化は、自立してきたことと自分に自信がついたことだった。

(2)アイリーンさんの話

　私は、幼児期における栄養および健康についての勉強をした。とても興味深いと思った。

　このプログラムがあることは母から聞いた。このプログラムに参加したいと思った理由は、自分もやはり大学で勉強したいから。兄や父が大学に行ったように、私も行きたいと思った。このIEPプログラムではそれができると知った。

　私の大学生活で、メンターはジェミーという男子学生だった。彼には、授

業が休講になったとき、スマートフォンで教えてもらった。「今日は授業があるよ」とか「今日は授業が取りやめになったよ」と。

私は、一貫して幼児教育に関連した教科を勉強してきた。メンターのジェミーも同じコースに入っていた。ジェミーを通じて私はとてもいいたくさんの友達をつくることができた。

大学に入って一番よかったこと。父は、UTS（シドニー工科大学）でエンジニアリングを教えている。私もこの大学に通うので、いっしょに家を出る。あるところで、私はこっちの大学、父は向こうの大学へと「じゃあね」と別れる。いっしょにそれができるのが、とてもうれしい。

そのほかには、クラスメートができたこと。また毎学期、授業でプレゼンテーションをするので、そこでとてもいい経験をしている。そのプレゼンをするためにいろいろな人たちと会うことも、とても楽しいことだった。

特に教育学部の学生たちといっしょにプロジェクトを組んで、その結果をプレゼンしたのは、すごくいいことだったと思う。自分は先生になりたいので、教育学部の学生たちと「はらぺこあおむし」の絵本をいっしょにつくって、学校で教える経験をした。どのような教育がインクルーシブ教育かとか、健康、食事、アレルギーの原因について、ピーナツバターなどはアレルギーの可能性があるのでフルーツを食べようとか、そういうことを5分間のスライドにまとめてプレゼンをした。1学期は13週間だが、プロジェクトは真ん中頃から始めていた。

一方、大学生活のなかで一番難しかったことは、ある先生が早口過ぎて、ちゃんとノートが取れないので大変でした。だから、取れるだけノートを取って家に帰ってそれを読み返し、もう一度書き直していた。

来年度最も楽しみにしていることは、もっとたくさん勉強をすること。それから、新しいコースで勉強することも楽しみ。

⑶アナリタさんの話

考古学と古代ローマの勉強をした。講義に出ても内容が理解できたから、とっても楽しかった。それから講師の先生やメンターからいろいろなフィー

ドバックをもらったこともとてもうれしかった。

　私がこのプログラムを知ったのは、母がこのプログラムについてよく知っていて、私に教えてくれた。父はシドニー大学に通っていたから、私をよくこの大学に連れて行ってくれて親近感があった。

　このプログラムに参加してみようと思った理由は、まず私は人が好きで、いろんな人たちに会えることがある。それから、このプログラムではいろいろな情報を提供してもらえることを知ったから。あとは、実際にメンターなどといっしょにいろんなことができるのも、おもしろいと思った。

　私はいままで、関心があることを1人でいろいろとやったけれども、考えた。ほかにも同じように関心をもっている人がいれば、いっしょにやっていいのではないか。あるいは、バックグラウンドがまったく違う人と会う機会があっていっしょに何かができたら楽しいと思う。あとは、そうしたことをしながら自分をサポートしてくれる人がいたら、これはとてもいいことだと思う。

　それからもう一つ、一方的に誰かがこれをしようというのではなく、いろいろな見方があるわけで、それを話し合うことはいろいろな意見が聞けて、とてもいいことだと思う。それから、自分で何か成し遂げたいという気持ちがあって、それができるのではないかと思う。

　大学生活で、私には2人のメンターがいた。2学期のメンターはコリーナという人で、彼女には本当にいろいろなことを手助けしてもらった。

　よく携帯電話にテキストメッセージを送ってきた。教室ではメモ取りや、私がきちんとついていけているかどうかをチェックしてもらったこともあった。2学期を通していろいろな形でサポートしてもらった。チュートリアル（個別指導）のときにもいっしょについて来て手伝ってもらった。彼女自身は私と同じコースで勉強している学生だった。

　私がこの大学に入って一番よかったことは、視野が広がったことだと思う。物の見方が広がった。たとえば、いま自分の周りで何が起きているのかについて、以前よりも意識が向くようになった。また、私が母親に、自分がいま

第8章　オーストラリアにおける知的障害者の大学進学

関心のあることを話したとき、母にはあまり関心がないことがあるが、それは私が母とは違う関心をもつ、つまり自立して生きていることの現れだと思うようになった。

もちろん母は、それぞれの学期を通してサポートしてくれるし、実際にいっしょに学校までついて来てくれたりするが、ときどき「これじゃだめだ」「たぶんそれはやめた方がいいのではないか」と思うことがある。そんなふうに自分の考えが出てきてそれを母に話ができる。大学で学んだ、こうこうこうだということをもとにして母と話ができるようになったのが、とてもよかったと思う。

母はきちんと話を聞いてくれるし、理解をしてくれるので、自分が思ったことをいろいろと話ができるようになったことがとてもよかったと思う。

大学生活で一番難しいと思ったことは、自分個人の生活と大学での生活とのバランスの取り方。どういうふうにすればいいバランスが取れるのかが難しいことだと思う。

来年度の楽しみは、よりたくさんの自由、選択肢がもっとたくさんあるということ。それと、レクチャーを通してもっとたくさん知識を得ることだ。

(4)アナリタさんの母、ラクシミさんの話

母親として、自分の娘が大学で勉強できることは、とてもエキサイティングに感じている。そういう機会が与えられたことを、大変うれしく思う。

私がこのプログラムについて知ったのは、仕事の同僚から聞いたから。娘のアナリタは、学校を卒業した後に仕事をしていたが、もっとこういう機会があったらいいと考えていた。そのときに、職場の友達からこういうプログラムがあると聞いた。そしてEメールでその詳細を知らせてきた。それがきっかけだ。

私がこのプログラムに関心をもった一番の理由は、娘のアナリタに大学に行く機会を与えてくれるものだったから。娘が大学に行くことは、親にとっては不可能な夢。だから娘に対して、大学に行くことはあえてすすめなかっ

た。決してそんなことは起こるわけがない、と考えていたからだ。
　しかしこのプログラムを聞いて、特にこのプログラムがインクルーシブなものであることに、大変興味をもった。インクルーシブというのは、すなわち障害のある人たちだけのものではないということ。あらゆる人たち、学生たちに提供されるものだから、娘の立場からしても大変興味がある。大学に行く夢をかなえてくれるものでもある。また親として、娘がそうした機会を得られるのは、本当にすばらしいことだと思った。
　大学での最初のメンターは、娘とは違う学科を専攻していた。ただ、学業は別にしても、娘が同じ年齢の人といっしょに過ごし、その人といろいろな話をし、そして支援をしてもらうことは、親の気持ちとしては安心できるところがある。そして、いっしょにランチを食べるとか、そうした友人がいること自体がとても重要な点だと思った。
　2学期についたメンターは、娘と同じ教科を勉強していた。古代ローマについての勉強だ。社会的な時間をいっしょに過ごすことはあまりなかったが、彼女に、レクチャーを受ける上でどこに行けばどういう情報があるなど、勉強していく上でいろいろと役に立つアドバイスをしてもらったことが、娘にとってとてもありがたいことだった。
　今年度でアナリタは自尊感情も高まってきたし、自信もついてきたのは明

写真8-8　トレバー・パーメンター教授(中央)と

写真8-9　パトリシア・オ・ブライアンセンター長(後列右から2番目)、フレデリック・ギャドウ氏(後列右端)と

第8章　オーストラリアにおける知的障害者の大学進学　141

らか。来年度はもっと自立してほしい。1人で通学をしてみることも実際にやってもらいたいと思っている。

5 フリンダース大学視察

(1)キャンパスツアー

フリンダース大学のキャンパスの広さは257ヘクタール（東京ドーム55個分）。キャンパス内にはスポーツの施設などがある。キャプテン・マシュー・フリンダース船長が、大学の名前の由来である。南オーストラリア州の海岸線を探索した初めての探検家で、インベスゲーターという船のキャプテンであった。

3月にオープンした新しい建物である。周囲には「プラザ」は2,000人が座れる野外劇場で、大きなスクリーンがある。周囲には教育、法律、物理、化学などの学部の建物がある。

車いすを使う学生もいるのでアクセシビリティーに配慮している。エレベーターもきちんと配置して、障害のある学生にも使いやすいキャンパスにしている。オーストラリア人の学生、留学生のなかにも、車いすを使っている学生がかなりいる。

写真8-10　プログラムコーディネーターアドライン氏と

写真8-11　キャンパスの中心部にある2000人が収容できる野外劇場

オーストラリア政府は、外国人留学生で障害のある人たちに対して特別に奨学金を提供している。目が見えない、歩けない、自国では金銭的な理由で電動車いすを使えないけれども、政府が提供することでオーストラリアでの留学を経験できる。

　フリンダース大学は、国内の障害留学生の約半分の12人を受け入れている。大学は、障害学生に対して適切なサポートサービスを提供していることを大変誇りに思っている。

　郵便局、旅行代理店なども大学のなかにある。図書館が5か所配置されており、数百万点の蔵書がある。

　25,000人の学生中に留学生が4,500人いる。彼らは必ずしもキャンパスで勉強しているわけではなく、自国で勉強している学生がいるので、教員が外国に出かけて行ってプログラムを展開している。

　学生食堂では、安いけれども健康によい食べものを提供する業者を選んでいる。学生用のキッチンもある。トースター、レンジなどがあり、簡単な料理ができる施設を提供している。ここは100%学生のための建物である。楽に時間を過ごしたいときなどに使用している。24時間オープンなので好きなときに利用している。

　「フリンダースコネクト」と呼んでいるところでは、勉強での相談、授業料の支払いの相談を受けるなどの窓口が一か所にまとまっている。ピーク時には1日2,000件のコンタクトがある。勉強できるスペースも設けている。

　どの建物、図書館でも、学生が静かな場所で勉強したいときに利用できる配置をしている。グループでの研究、勉強もできるスペースである。どの部屋でも充電ができるほか、高速のインターネット環境が整備されている。

　1970年以降、女性専用の部屋を設ける大学が増えてきた。女性専用の部屋なので安心する女性たちも多い。子どもがいる学生のために授乳する部屋も設けている。

(2)ランチミーティング

ランチミーティングでUp The Hill Program（アップザヒルプログラム）コー

ディネーターのアドライン氏らと意見交換を行った。その一問一答は次の通りである。

——この大学に社会福祉学部のような学部はあるのか。

ヘルスカウンセリング＆ディスアビリティーサービスという学部がある。ソーシャルワーカーになるためのコースであり、それが社会福祉学部にあたると思う。ソーシャルワークとかソーシャルポリシーとかソーシャルプランニングという言い方をする。

知的障害の学生たちは、受講科目を自由に選ぶことができる。その科目に関して行われるレクチャーは普通の学生に行われるレクチャーなので、担当者がそうした講義をする先生やメンターなどをコーディネートして、そういう学生たちがきちんと講義を受けられるような体制をつくっている。

——知的障害の学生が好む勉強にはどういうものがあるか。

いろいろな学生たちがいてさまざまな科目を選ぶが、一ついえることは、たとえば、ある学生が歴史に興味があると選ぶ科目はみんな歴史関係の科目になるとか、芸術が好きであればそれに関係する科目を選ぶという傾向がある。これまでの学生で、障害という科目に関心をもった人もいれば、先住民の芸術や国際関係に興味をもつ学生もいた。

——3年間のプログラムを終えて資格など卒業のメリットはあるか。

卒業時に学位はないが修了証書を与える。また、私たちに対してプレゼンテーションを行うことも決まっている。3年間を終えた段階で、通常の学生たちといっしょに

写真8-12　ランチミーティングで意見交換

写真8-13　アップザヒルプロジェクト卒業生のレイチェルさん

卒業式に出席する。そのときは卒業生の帽子やガウンを着て参加をする形を取っている。

　3年間修了するということは非常に大きな達成感があるものだと思う。3年間で選ぶ科目は一つだけかもしれないが、ほかの普通の学生たちと同じように3年間続けて勉学に励むことは、それだけのコミットメントをしたわけだ。それをやり続けたというのはやはり大変な偉業だと思う。

　――途中でリタイヤする人はいるか。

　いる。健康面や就職が決まったとか、別のことをやりたいなどの理由があってのことだと思う。中退者のデータを見ると、普通の学生と障害のある学生で数字は違うけれども、割合としてはほぼ同じになっている。障害のある学生が辞める率が極端に高いとか低いというわけではない。

　実は今年、知的障害の学生で仕事の実習に初めて参加した学生が出てきた（本節5、6参照）。その学生は女性だが、実際に小学校の特別支援学級で、障害のある人たちと1対1で仕事をする経験を積んだ。知的障害の学生がこういう形で参加するのは初めてだ。とてもうまくいった。その経験はすごく楽しかったといっている。

受け入れる学生の知的障害の程度、たとえばIQの値を考慮することはなくて、応募するときに知的障害という診断を受けたという書類があれば受け入れている。障害者であることが確認できれば、大学としては、その人が学生としてここで勉強していく上での対人関係ができる能力があるかどうかだけを審査する。

——定員を超えた入学希望者がいた場合は何を基準に決めるのか。

1学年で6人を受け入れている。資金的な問題があるので6人と限っている。私自身は週に2日しか仕事をしていない。受け取っている資金では週2日しか雇えないからだ。

そういう状況なので入学待機リストがある。約2年間待たなければならない。12人くらいが待機リストにいる。1人が出ていけば1人を受け入れる状況だ。

——年齢層は高卒ばかりではなくさまざまか。

必ずしも高校を卒業してすぐという人ばかりではない。ある程度経験を積んでから来る人もいるので、かなり年上の人もいる。30〜50歳。何歳からでも始められるのはいいことだと思う。

——アップザヒルプログラムは何年前にスタートしたのか。

1999年に正式にスタートした。それ以前の1997年にパイロットプロジェクトをスタートして改善をしてきていた。

——最初から6人は変わっていないのか。

最初は参加者4人で始まった。正式にスタートできる資金が確保できたということで1999年にこのプログラムがスタートしたが、その間継続的に行ってきて少しずつ改善していった。

——3年間で学生たちの一番成長するところ変化するところはどこか。

まずは自信をもつところだ。知的障害の学生たちもそうだが、メンターをする学生たちも経験を通して自信をもつことができる。みんなにとってとてもいい経験ができる。

それから会話力。話をする機会が格段に増える。メンターと話さないといけない、先生とも話さなければいけない。機会が増えてくることで技術も上達するのだと思う。時には知的障害である学生がメンターである学生たちに「こうするべきだ」とアドバイスをすることもある。

だから成功した一つの理由としては、人工的につくられた環境ではなく、毎日の生活のなかでいろいろなことをしなければいけないというオプションがたくさん出てきたことだと思う。フォーマルでもインフォーマルな形でも、学びの場があるということだと思う。

——知的障害の学生たちもサークル活動や行事に参加することがあるか。

関心があれば当然参加する。2人の学生はメンターといっしょに毎週木曜日にヨガのクラスに参加している。アートが好きな学生が多いので、ギャラリーに行くとか実際に絵を描く学生たちも多く、そういう行事に積極的に参加する学生たちもいる。

——フリンダース大学の20年という歴史のなかで、学生たちが成長している姿を見て、オーストラリアのほかの大学が真似をしたいという意見や広がりはあるか。

シドニー大学はそういうプログラムをすでにスタートしている。ほかにはメルボルンで似たようなことがスタートしたと聞いたことはあるが、大学ではなくてコミュニティのほうに移ったというようなことを聞いた。同じようなことをしている大学はないと思う。

我々がどういうことをやっているかということについて、関心をもっている大学は必ずある。ただ、やはり大学という制度のなかでやろうと思うと、どうしても制度的な要素が障壁になってしまうから、それを上手く実際に行うためには、かなりトリッキーというか難しいところがある。

第8章　オーストラリアにおける知的障害者の大学進学　147

アップザヒルプログラムは、本人ばかりではなく親にとってもすごく影響の大きなものだと思う。というのは、障害があるから兄弟と同じようには大学に行けないだろうと思っていたのが、そういう機会ができたことで、それ自体をとても喜んでいる。そして、本人が満足していると同時に家族も、自分の障害のある子どもが、大学に行って勉強していることに大変な満足感を感じていると思う。

　プログラムを実施している我々の大学のなかでさえ、障壁になるものがまだかなりある。例をあげれば、講師である先生たちが、学生たちが勉強したい科目に必ずしもアクセスできるわけではないということがある。また、障害のある学生たちを受け入れない先生がかなりいる。そうした学生たちと接する機会がないことから、端的にいえば恐怖感が先生たちのなかにあるのではないかと思う。

　──日本の大学の先生たちもほとんどの人は知的障害者を理解していないと思う。日本とフリンダース大学の違いは、日本はまったく受け入れていないが、ここは受け入れているから何らかの触れ合う機会があり、そこで変わってくる可能性を感じる。

　この大学でとてもいいと思うのは、障害者と仕事をしていく人たちの専門家を育てるコースがあるということ。それだけに学生たちも、障害に対する理解が一般よりも深いと思うし、その考え方に広がりをもたせることができると思う。障害をポジティブに捉える考え方という土壌があるからできているのではないかと思う。

　「障害者政策および実践」というコースがあり、学びたいという海外からの留学生がかなりいる。留学生を受け入れることは、我々にとっても非常に学びの機会だと思う。インクルーシブな社会なのか、どういう状況が起こっているのかも、留学生を通して学ぶことができている。

　そんな理由で、オーストラリアと日本の間でさらに活発に交流ができて、いろいろな情報交換ができたらいいと思う。私たちの一番の上司は南アメリカに行って、そこの大学と交流をして情報交換をしている。そんな形で日本

とも何かできればいいと思う。

　——最初にフリンダース大学が知的障害者を受け入れるようになったきっかけは何か。
　知的障害のある家族が、これをつくるきっかけになったと聞いている。やはり家族の力が、こうしたプログラムをスタートさせる土台をつくることはよくあることだと思う。
　プログラムが始まる段階で、この大学の誰かがリサーチをして、その結果をマスターの論文にしたのがきっかけになったのかもしれない。こういう仕事をする上でリサーチはとても重要だし、そうしたなかから生まれてくる情報がいろいろなことをする上でとても重要な役割を果たしている。

(3) **フリンダース大学のプレゼンテーション**
　アップザヒルプロジェクトは、知的障害がある人たちに対して大学の経験をする機会を提供するのが目的だ。
　使命は、フリンダース大学におけるインクルーシブであり、支援を提供する機会をつくるときの柱となっているのが大学環境にアクセスできることだ。大学環境へアクセスするということは、具体的には社会的スキル、社会性を培うこと。我々のプロジェクトに参加する知的障害者たちが教育的機会だけではなく社会的な機会も得ることができること、そのなかにはヨガの教室に通うということも含まれている。
　目的は、支援が受けられる環境、学生たちが大学でさまざまなトピックを調べることができることだ。メンターやいろいろな人たちが手伝い、その彼らの協力によって入学手続きをするなどさまざ

写真8-14　アップザヒルプロジェクトの概要説明

第8章　オーストラリアにおける知的障害者の大学進学　149

な準備をする。こうして自立心を培う。また社会的なできごとに参加していく、メンターを通して別の大学の友人を紹介してもらい関係を築いていくことや、大学で行われるさまざまな交流の機会としてのイベントに参加するということだ。

そういう経験を通して学生たちは自信を構築していき、関係を維持していく。大学ではさまざまな科目を扱っているが、その科目を学生たちが選ぶことによってそれに関連するレクチャーに参加する、あるいは個人のチュートリアルの研究をする。

その背景にある考え方は、一人ひとりのユニークな能力を最大限に引き出していこうとして、まず個人が何に関心があるかを明らかにする。歴史に関心がある人もいれば、アートに関心をもつ人もいる。その個人の関心と提供される科目をうまく組み合わせることによって、学びの提供をしている。

コースへの加入資格は、知的障害という診断を受けている人で、実際にその条件のもとで可能性のある入学希望者には、面談でその人が本当に大学で学ぶことに関心があるのかどうかの確認をする。また、それに伴う個人的なスキルがあるのかの確認をしていく。

その他の条件として、大学の生活が自分でできること、講義に出席するだけの能力があること、学びの環境のなかでほかの学生の妨害をしたり、邪魔をしたりしないことも入っている。

メンターは障害学生支援センターからさまざまな形で支援を受ける。メンターとなる人のバックグランドは、障害のある人の教育に関わる学習、医療科学、行動科学、心理学、教育学などを専攻している学生たちだ。

メンターとなる学生たちは、知的障害の学生たちが専攻している科目を取っていないことが条件になっている。それは、その知的障害の学生たちが勉強している科目について、その内容を教える立場にはならないという理由からだ。あくまでもその学生がレクチャーなどに出席するのを支援するのであって、学習内容を教えるのではない。

福祉や教育の分野で就職活動をしている学生たちの多くは、それまでに知的障害の人たちと何らかの形でいっしょに仕事をした経験のない人たちだ。

そういう形を取ることによって、普通の学生たちが大学で学んでいるセオリーを、この経験を通して実践に移していくわけだ。実際に障害のある人たちと関わり合うことによって、さまざまな経験を積むわけだ。

⑷レイチェルさん（Up The Hill Project 2014年卒業生）のプレゼンテーション

私は非常にラッキーだった。フリンダース大学で3年間、大学生を経験することができた。2011年から2014年のことだ。本当に大好きなプロジェクトだった。その前の4年間、待機者として入学を待たなければいけなかった。しかし、待つだけの価値のあるすばらしいプロジェクトコースだったと思う。

もちろんこの学生生活を可能にするためには、たくさんの人たちの支援が必要だった。そしてその人たちの援助を受け交通手段、食事、パーソナルケアなどに、非常に親切な職員たちに支えられた。

また、すばらしいメンターに会うこともできた。メンターには、講義やチュートリアルなどで、私の代わりにメモを取ってもらったり、プレゼンテーションをするためにその準備をしてもらったりと、さまざまな形で支援を受けた。

大学のなかで生活をしていると、私のような人物に対してどのように接したらいいのか、どういう関係をもったらいいのかよくわからない、という人たちがかなりいた。学生ばかりではなく、教える側の教師陣にもそういう人たちがいた。しかしメンターを通して、私のような人とどのように関わったらいいか、さまざまなモデルを示すことができたと思っている。

3年間で6種類の科目を勉強した。私が特に好きだったのは、障害についての勉強だ。私の知っている人たちのなかに、そうしたことに深く関わっている人たちが多くいたからだ。

私にとって学生生活のハイライトと呼べるものは、ほかの学生あるいはメンターと知り合うことができたこと。そうした経験を通して私は自分自身に対する自信を高めることができたと思う。そうした経験の前の段階では、何

第8章　オーストラリアにおける知的障害者の大学進学　151

をするにしても神経がボロボロになるくらい緊張してしまっていたが、自信を得ることによって変わってきた。

　実は、言語聴覚士のサラさんと出会い、彼女からコミュニケーションを取る装置などさまざまなアドバイスを受けた。その中でiPadを使ってコミュニケーションを取る方法を教えてもらった。コミュニケーションを取ることでは、過去にかなりいやな経験をしたことがあるので、それを解決していくためのアドバイスだった。

　いま私は、適切な選択ができるようになった。つまり、自分はどこに行きたいのか、何をしたいのかを決められるようになったし、食事でどういうソースがほしいかもはっきり主張することができるようになった。

　医者に会ったときには、いま自分が不安に思っていること、あるいは必要としていることを伝えることができるようになった。何を着たいのか、テレビのどういう番組を見たいのかなども選択できる。また、自分の過去について話すことができるばかりでなく、将来的に自分はどうしたいのか、どういう目的をもっているのかという話もできるようになった。

　もっとも重要なことは、約30年間にわたって他人が私の代弁者として話をしていたのが、いま私は自分自身の言葉を使って話せるようになったことだ。これによって私の自由が非常に広がった。

(5)ケリーさん（Up The Hill Project 3年生）のプレゼンテーション

　私がこのアップザヒルプロジェクトで終えた科目は、神経疾患のリハビリに関する導入、コミュニティリハビリおよび後天性の脳損傷、パーソナリティー、社会的心理学、個人的な交流およびグループとしてのスキル、障害を通じての発達、そしてプラクティカルアイ（実用的な視点）だった。

　私は、メンターによる支援を受けて、自閉症やダウン症に関連する人と人との間の関係性、あるいはリサーチに関する資料などについての勉強をした。そしてそれに必要なさまざまなこと、たとえば算

数の九九を全部勉強した。それを学生と先生との活動のなかで行い、メンターによって支えられた。必要な科目に関するアクティビティはすべて終了した。

いろいろなミーティングにも参加した。たとえば私のメンターであるアマンダー・パーマンさんとのミーティングや、フリンダース大学講師のシャネン・パーマンさん、アップザヒルプログラムのコーディネーターのヨネン・リミさんのミーティングに出席をした。実はそうしたミーティングのときに、議題の準備をして議事録も私自身が取った。

私は特に2人の学生といっしょに勉強するということが多かったが、勉強するのがとても楽しかった。

友人の1人は、バスケット部とスローイングボールというゲームをするのが大好きなダウン症の青年だった。もう1人は自閉症の学生で、その人の観察も行った。彼の障害はさらに複雑で、理解するのもさらに難しいものだった。

アップザヒルプログラムは、私にとって夢が現実となったものだと思う。

18年前、私はある障害のある人たちのグループの手伝いをしたことがある。グループは、心理学専攻の学生、障害に関する内容を専攻していた学生たちが支えていた。そうした学生たちを私自身がとてもよく知るようになり、彼らがやっていることや、私が友だちのグループメンバーに対してやっていることに、非常に強いインスピレーションを得た。グループには約50人のメンバーがおり25人のボランティアがいた。私はその活動を通して、私自身が障害のある人たちの助けになりたいと感じたわけだ。

このアップザヒルプログラムを見つける前は、私自身どこに行けば何を学べるのかがわからなかった。しかしいま、大学の学生となり来年卒業を迎えるが、できれば卒業後、障害者介護の分野で仕事が見つかればいいと考えている。

私が実習を行ったのはセンサリールームといって、五感をすべて使っていろいろなことを探る部屋だ。生徒の1人を外に連れて行き、いっしょにバスケットボールをした。彼にとってはすばらしい経験だった。

アップザヒルプログラムで私の使った時間は、すべてがとても貴重なもの

第8章　オーストラリアにおける知的障害者の大学進学　153

だ。私は昔から、いろいろなことを調べるリサーチ活動が大好きだった。しかしこのプログラムで行ったことは、それまでの私の人生とは比べものにならないほど充実したリサーチ活動だった。

　私自身はこのプログラムをずっと続けていたい気持ちはあるが、それはできない。というのは、ほかの誰かもまた自分自身がどういう人間なのかを、彼ら自身でほかの人たちに証明する機会を与えられるだけの資格があるからだ。

　私の支援をしたメンターたちは、私の友だちになった。大学以外のさまざまな交流の場をいっしょに楽しんでいる。私自身は学びの新しい方法を学んだし、またとてもすばらしい人たちからいろいろなことを学んだと思う。メンターになった友だちも、私たちに同じことをいっていた。

　来年私は、特にアドボカシーとメンター制度についての勉強を続けていきたいと思っている。

(6)イボンさん（ケリーの母）のプレゼンテーション

　ケリーは44歳。ダウン症だ。民間の福祉サービス事業所で、彼女のいろいろな世話をしてもらっている。そこの会社で週3回、彼女に仕事をする機会を与えてもらっている。アップザヒルプログラムに参加をする一方で、そうした職業の経験を積んでいる。

　ケリーは小さいときからハッピーで好奇心がとても強く、何についても調べてみたい子どもだった。小学校の頃からさまざまな研究活動が大好きで、イルカについての調査や野生の馬についての研究などもしていた。

　成長していくにつれて、他人に対する優しさが前に出てくるようになり、障害のある人たちに対しても、何らかの手伝いをしたいという思いが強くなった。読み書きやいろいろなスキルがあるが、そうしたところを習得する手伝いをしたいということだった。

　高校を卒業した時点で私と夫が、彼女が学び続けるためにはどういう機関があるのかを考えた。高校を卒業した人たちが行く「テイク」という職業専

門学校があるが、そこでコンピューター、英語、数学などのコースを取り勉強をした。あるとき、特別支援学級の知的障害児クラスでボランティアとして仕事に行き、その仕事が大好きになった。

　通信教育も受け始めた。補助教員になるためのコースで勉強もした。そのコースは有料だったが、奨学金を得られて一部の授業料をカバーできた。このコースを18か月間続けたが、残念ながらコースすべては完了できなかった。いろいろ出された課題などにレポートを提出し、優秀なレポートとして賞を受けたにもかかわらず、コース自体が途中で廃止されてしまったからだ。

　しかしその段階で、コースを提供していたところから、ほかにすばらしいプログラムを提供しているところがあると紹介された。ケリーも関心をもったし、夫も私も求めていたそのものだった。それがこの大学でのプロジェクトだった。

　そして実際に大学に通い、大学での経験を通じてさまざまなことを学んでいるわけだが、ほかの学生と同じように目的をもった生活を送っているということに、私たちは大変大きな喜びを感じている。できればこの大学で得た知識を、ほかの人たちを支援するために使ってほしいと思っているし、彼女もそのつもりでいる。

　このアップザヒルプログラムに関わる関係者の誰もから、ケリーの一つひとつのステップでさまざまな形での支援を提供してもらった。本当にすばらしい人たちに囲まれて、彼女はこの3年間を過ごしてきた。

　この3年間は夢だと考えている。まだまだケリーにとって学ぶものがたくさんあるにもかかわらず、終わりの時期はすぐに来てしまう。この3年間でケリーの自分に対する自信は、目を見張るほど高まった。多くの友達をつくることができた。宿題や課題なども自分からすすんで行っていた。彼女の世界は急激に広がったと感じている。

　親として、自信に満ちた大学生の子どもが将来のある人生を歩いていることをうれしく感じている。これこそがアップザヒルプログラムがケリーにしてくれたことだ。メンターのおかげで講堂に入りレクチャーを聞き、家でしなければならない復習まで手伝ってもらった。メンターのおかげで3年間さ

第8章　オーストラリアにおける知的障害者の大学進学　155

まざまなことを学び、さらに学びたいという気持ちを維持している。

メンターで関係が始まった人たちは、いまはケリーの友達となり、いっしょに映画に行ったりコンサートに行ったり、会っておしゃべりをしたりする関係になっている。このプログラムの非常に重要な点だと思っている。

写真 8-15　卒業生のレイチェルさん、在校生のケリーさんを囲んで

ケリーは、ここが限界だということを受け入れられずに、その枠をさらに広げていこうという子だ。最終の実習が、クリスティズビーチという名前の学校で行われた。障害のある学生たちが、こうした実習を行うのは過去になかった。まったく新しい領域だ。

そのため、コーディネーターのドメインさんも大変尽力されたと理解している。この実習は、非常に大きな成功を収めることができた。ケリー自身も、子どもたちといっしょにいろいろなことをすることが楽しくて仕方がないというところがあった。また事務関係の仕事についても大変な興味を示した。この実習が実施されどのように終わったのかについて、関係者一人ひとりが強い印象を受けた。

このプログラムはケリーにとって非常に貴重な経験であり、貴重な体験をする機会を与えるものだった。なかでも彼女自身に、ほかの人たちに対してやればできることを証明する機会を与えてもらったと感じている。

このようなものは、ほかにはないと思う。やはり障害があるとはいえ、何かしたいことがあり、また学びたいことがあり、達成したいことがあれば、それを成すための機会は絶対に与えられるべきだと、私は考えている。

第 9 章

韓国における
知的障害者の大学進学

韓国のナザレ大学の視察は、2016年11月3日に実施した。

1 ナザレ大学が知的障害のある学生を受け入れる目的

韓国のナザレ大学はキリスト教系列の大学で、知的障害者を対象とした正式な学科「リハビリテーション自立学科」を設置している。

これまで諸外国で大学を多数視察してきたが、それらはいずれも大学の正式な学科ではなく、聴講生制度や大学が主催する市民講座等の生涯学習制度の枠組みを活用した学びの場の提供であった。ナザレ大学はそれらとまったく異なり、知的障害者に対する本格的な高等教育の場となっている点が非常に特徴的である。

ナザレ大学の林承安（リム・スンアン）総長は、大学の概要と知的障害者を大学で教育する目的について、要旨次のように説明した。

ナザレ大学は、1952年にアメリカの宣教師が創立した。当初はアメリカの牧師輩出のための大学だった。1980年代にソウルから天安（チョナン）市に移転した。

それから20年が経ち、知的障害の関係に関心をもつようになった。韓国国内の200余りの大学のなかで、知的障害の学生が入学できるのはナザレ大学だけだ。

ナザレ大学で最初に知的障害者を受け入れる際は、さまざまな反対があった。

「大学なのに、どうして知的レベルの低い学生を受け入れるのか。大学は高等教育なのに……」と。

そこで私は反対する人たちに聞いた。

写真9-1　リム・スンアン総長によるプレゼンテーション

写真9-2　ナザレ大学の皆さんと

写真9-3　リム・スンアン総長

「そもそも『高等教育』とは何か？」

私はアメリカに留学しイェール大学に入った。イェール大学は韓国の大学を認めない。ソウルにある数々の大学が地方の大学を認めないのも、また同じだ。では、高等教育の標準とはいったい何か。大学のスタンダードとは何か。

「高等教育」とは、比較することではない。「教育」とは相手と自分を比べることではなく、一人ひとりに適応することだ。

ある学生は高校生のとき、45分間の記憶の持続力をもっていた。その学生は大学に入って3学期に3倍の持続力になり、2時間以上集中力がもつようになった。つまり、集中力が3倍以上続くようになったのが、高等教育の成果だ。

その学生は、通学に1時間以上かかる。家を出るときに母親は、「学校に着いたら家に電話をするように」と伝える。その学生は「はい」と答えて家を出る。しかしその学生は、大学に着いた頃にはその約束を忘れてしまう。記憶は45分間しかもたないからだ。

しかし3学期を過ぎた頃、母親は大泣きした。その息子が大学に着いて「無事に学校に着いたよ」と電話をするようになったからだ。ここに、ナザレ大学が障害のある学生たちを教育する目的がある。

学生一人ひとりの知的能力、他人を助けられる能力を願う。知的障害があるからといって、いつも他人から助けてもらうというのは違う。学生時代は先生やほかの学生から支援してもらうが、卒業してからはほかの人たちを支援できるようになる。

第9章　韓国における知的障害者の大学進学　159

2 リハビリテーション自立学科の授業

　私たちはリハビリテーション自立学科の授業を見学した。同学科は知的障害で一番軽度の学生たちが主で、1学年の定員25人に対して120人以上が志願し競争率は4.8倍。韓国国内で唯一の正式学科で、まだ発展中だが保護者の関心も高い、と学部長のキム・ソンギュ教授は説明した。

　その日は3年生が「サラリーマンの勤務マナーと姿勢」の授業に参加していた。授業終了後、私たちは同教授や学生に質問した。

　——対人関係を勉強していたが、実践する場所はあるか。
　最初はいろいろな内容を言葉で勉強してから、次の教育段階で自らあいさつや生活マナーについて、一人ひとり教育をして確認する段階もあるし、PCの実務も行っている。まだ足りないところが多いのも事実。会社の事務室のような場所を設けてロールプレイでトレーニングをする予定だ。

　——朝から大学に来ているのか。
　寄宿舎の人も通学の人もいる。午前9時からスタート。自分で時間割を組んで行動している。

写真9-4　リハビリテーション自立学科3年生の学生たち

写真9-5 チェ・ドゥクジン教授による「ビジネスマナー」の授業

写真9-6 ランチタイムにナザレ大学の学生たちと意見交換

――授業がない空き時間は楽しく過ごしているか。

授業は午前3時間、午後3時間だ。その間、空き時間はある。みんなで集まってコーヒーを飲んだりして、自由に楽しんで過ごしている。

通学生は遠くソウルから来ている人もいる。寄宿舎の学生は、ひと月に3回、楽器演奏やパソコンなど自分が望むクラブ活動がある。みんな明るく過ごしている。

――いつもテキストは使用しないのか。

今日は特別で、授業終了後もインターネットで確認できるようにしている。必ずノート、筆記用具を持参して、読んだり書いたりするトレーニングになるようにしている。

――授業はいつも同じメンバーか。それとも別々の授業に分かれることもあるのか。

教養科目と専門科目がある。みんないっしょではなく、自分が選んだ授業を受けている。分かれたりいっしょになったりして授業を受けている。教養科目の場合は、健常者の学生といっしょに授業を受ける。この授業は専門科目で、この科目に関しては障害のある学生だけである。

——いっしょになる教養科目はたとえばどんな科目か。

キリスト教科目、社会奉仕科目などだ。教養科目で、一般学生といっしょに交じって勉強するときは、障害のある学生にとって大変なのは事実だ。バランスなどを合わせるのが大変。特にキリスト教科目は、哲学の部類だからけっこう難しい。大変だが、みんな一生懸命授業に臨んでいる。

写真9-7　真剣に授業を受ける学生たち

3　卒業後の就労と障害者の雇用環境

教員、学生との昼食懇親会で、学生の就労や障害者の雇用についてキム・ソンギュ教授と意見交換を行った。

——就職先の職種はどのようなものか。

行政事務補助とか区役所、市役所、町役場、それから政府機関に2年契約で就職する事例もあった。そういうところへ就職するためにはパソコンスキルが必要だ。保護者もそういうところに就職してもらいたいと思っているようだ。その他、大企業にも就職している。有名なアパレル店や遊園地などを運営している大型マートなどだ。

いま一番問題となっていることは、障害がある人に対しては就職してからも一定期間、健常者が補助しなければならないということだ。職業指導員が入社後3週間支援しているが、3週間では足りない。私は韓国の障害者雇用公団の理事長を経てこの学校に来た。韓国国内で障害者雇用関連のプロだ。その公団理事長時代に改善を試みたが、難しかった。少なくとも3か月の補

助は必要だ。

　企業にはダブルカウント制度があるため、重度障害者も好意的に受け入れられている。法定雇用率は2.7％。50人以上の企業に適用される。大企業はたくさんの障害者を雇わなければいけない。

　ただ、雇わない代わりに罰金を払う場合もある。罰金は1人あたり50万ウォン（約4.6万円）。ある有名大企業が支払っている罰金総額は年間50億ウォン（約4.6億円）。罰金のうち1,700億ウォン（約159億円）は障害者の就業訓練費に充てられている。

　韓国の雇用促進法は日本を真似ている。

　——日本の法定雇用率は2％だ（2018年4月以降民間企業は2.2％）。

　韓国ではそろそろ3％になる見込みだ。企業はもっと罰金を払わないといけなくなる。

　障害者のなかでは、身体障害、聴覚障害の人たちが就業の主な対象だ。現在20万人の障害者が就業している。障害者の総数が250万人であることを考えると、まだ足りていない。障害の出現率が5％。比率に合わせた法定雇用率が必要だ。せめて4％にしなくてはいけない。

　——雇用されてない人は福祉施設にいるのか。

　そういう人たちもいる。また高齢者など、就業したくてもできない人もいる。就業する能力のある人は100万人。20万ではまだまだ足りない。

4 ナザレ大学の障害学生支援センター

　障害学生支援センターのユ・ザングスンセンター長（教授）は、同センターについて要旨次のように説明した。

　ナザレ大学には障害学生300人余りが在学している。種別は視覚障害、聴覚障害、肢体不自由、知的障害である。障害学生支援センターは、障害学生

の入学から卒業まで、その学習、生活、移動、就業を段階的に支援するところである。

一番大きな目的は、学生たちが学習生活に専念できるようサポートすること。ヘルパーは500人余りいる。ヘルパーは授業にいっしょに参加して、手話通訳、ノートテイキング、文字通訳などで支援している。車いすも全部無償で利用できる。

センターには、センター長をはじめ7人の専門職員がいて、それぞれ障害領域ごとに専門の先生が担当している。障害に応じてさまざまなプログラムがある。就業のため、地域社会との連携も図っている。

センターの2階は、学生が自由に閲覧できる施設や就職相談室もある。重度障害の人向けに、保護者といっしょに参加したり相談したりできる施設も設けている。

センター内には音声による案内ができる電子音声案内図を設置しているほか、階段や段差をなくしたバリアフリーで、車いすに座った状態で自由に移動できる。

すべての障害学生たちが学習を受けられるよう、高さを調整できるデスクが使われている。視覚的に情報を得ることが難しい視覚障害者も、音声による支援モニターがついていて、音声で情報を得ることができる。

全体的に3台のカメラが設置されていて、撮影している。講義をする先生、手話通訳者、そして学生が勉強している姿も教室内のモニターに映し出される。たとえば、本人が動かなくても座ったままでボタンを押せば、カメラがその学生を映して、質問する姿を全員が確認できる。学生がよく受ける科目はここを利用している。

20科目以上のさまざまなプログラムをこのセンターで教育している。パソコン教育が

写真9-8　障害学生支援センター内の教室

できる部屋、いろんなガイドブックを設置している部屋もある。また、学生たちの小規模なグループ活動や、試験勉強、書籍資料の閲覧などいろいろなことができる空間もある。作文活動を向上する教育も行っている。

写真9-9　チェ・ドゥクジン教授（前列左から2番目）、キム・ソンギュ教授（前列中央）らと

1階には障害学生の保護者が休める部屋があり、2階には障害学生が休める部屋も備えている。ストレス等でクールダウンしたい時などに利用する。

また、視覚障害者向けの点訳がらみの教材づくりや、点訳の先生が仕事をする空間もある。依頼や委託があれば、テキスト作成や支援のプログラムもある。

センターでは、就業に向けた資格取得に関する教育も行っている。就業してからの適応関連のサポートなどの事後指導も行っている。

――一般の学生が障害のある学生を支援するのか。

ある障害の学生が、自分とは異なる障害の学生を支援するケースもある。また、比較的障害の軽い学生が、より重い障害学生を支援するケースもある。

同じ授業を受けている同学年の学生から、支援する学生を選ぶ場合もある。時間割を提出すれば、そのなかで選定される場合もある。学年よりも時間割を中心にして調整、配置している。

ヘルパー学生が、自分の授業がない空き時間に支援する場合もある。

――支援する学生側も、自分の授業・学習もあるので大変ではないか。

教育する、指導する、教えるというより、ノートテイキングなど主に補助することを行っている。推薦人制度もある。学習能力がけっこう優れている

第9章　韓国における知的障害者の大学進学　165

学生が、自分の授業時間以外で下学年の後輩学生を支援する場合もある。

——一般教養や福祉の専門外の先生たちの研修はどうしているか。

先生が学校に入職すると、学生たちの指導に出る前に、学校レベルで研修を行っている。障害学生を指導するわけだから、授業を担当する前に素養教育やたしなみ教育はしっかり行っている。障害理解に関する教育は、障害専門の先生が来て指導している。

5 ナザレ大学の生活館、自立生活支援センター、補助工学センター

(1) 生活館

生活館は寮である。生活館は男子学生と女子学生に分かれてそれぞれにあり、学生たちはそこで生活指導を受けながら生活している。担当するキム・ジョンミン氏が案内と説明を行った。

写真9-10　生活館内の学生の居室

生活館では2016年現在、男女合わせて1,150人余りの学生が生活している。そのうち障害学生が150人くらいである。現在新築中の建物もあり、さらに300人くらい増える予定だ。

障害学生1人に対して一般学生3人がいっしょに生活できるシステムだ。障害学生が多くなる場合は一般学生を2人にすることもある。障害学生と一般学生がいっしょに生活できるよう指導するシステムがある棟もある。

2階は、比較的重度の障害学生が生活するところで2人部屋だ。一般学生と障害学生が生活する。

——障害学生の生活指導とは具体的にどのような指導か。

外出や外泊、ルームメイト同士のトラブルの対応のほか、キリスト教系列だから生活館内での礼拝儀式などについて指導している。

——障害がある人とない人のマッチングはどのように行うのか。

障害学生支援センターの先生が相性でマッチングする。障害学生から「この学生と組みたい」という意見を聞くこともある。

——これまでにケンカなどのトラブルはあったか。

もちろんある。そのトラブルに対応するために自立生活支援センターと連携している。ヘルパーの学生は専門家ではなく、専門的知識に限りがあるから。

——ヘルパーはなりたい人がなるのか。まったくなりたくない人はならないのか。

ヘルパーを志願する人には奨学金が出る。それが促進剤になっている。

——お風呂はあるか。シャワーのみか。

浴槽はない。安全バーがある。重度障害のある学生には一般学生が入浴の世話する場合もある。風呂場で使用するいすなどが必要な重度の学生に対しては、依頼すれば補助工学センターで用意する。

——必要なものは大学で用意されるのか。

個人的に購入する場合もあるが、必要なものは基本的に学校が用意する。

——寮費などの負担はどのくらいか。

3か月で75万ウォン（約7万円）、ヘルパーの学生は3か月49万ウォン（約46,000円）くらいだ。

第9章　韓国における知的障害者の大学進学　167

――掃除は誰が行うのか。

自立心を養うため学生が自分で行う。障害があっても自分でできることは最大限自分で行うようにしている。靴入れやゴミ箱の掃除、ゴミ収集なども行えるのであれば行う。

――自閉症の人のパニックなどはあるか。

1学期に1、2度ほどそのようなケースがある。舎監の先生が午前0時までいる。非常時はいっしょに舎監室にいる。それ以上に深刻な場合は保護者に連絡を取る。

――医療が必要なケガなどになったことはあるか。そのときの対応はどうしたのか。

深刻な場合は救急に連絡する。階ごとにフロア長の学生がいる。体力があり丈夫な学生がなる。そういうときにはフロア長が活躍している。

――多人数の食事はどのようになっているのか。

1階に食堂がある。食事を取りたいときは食券を購入して、各自が自由に食べる。

(2)自立生活支援センター

生活館内にある自立生活支援センターについて、ウ・ジュヒュン同センター長（教授）が要旨次のように説明した。

障害学生の自立を支援するセンターは、韓国ではナザレ大学のみである。120人余りの障害学生の自立を支援している。

一番の事業は障害学生ヘルパー事業である。障害学生支援センターでは学習支援を主にしているが、ここでは生活全般の支援を行うことに重点を置いている。日常生活からスタートしてほかの地域社会との連携に関する支援の一部も行っている。

生活館では1室に健常者3人と障害者1人で生活しているが、その3人のう

ちの1人がヘルパーとして活躍している。その学生には所定の奨学金や支援金が支給される（トウミ制度）。責任感をもってがんばれるように支援している。

奨学生の学生と一般の学生がいっしょに生活できるように配置して、教育をしたり、相談をしたり、もめ事が起きたときは仲裁したり、また自己管理も徹底的に行っている。

——重度の学生とは身体の重度か、それとも知的の重度か。

種類はいろいろだが、2階は身体障害の重度だ。何か起こったときにすぐに支援できるよう自立生活支援センターや生活館事務室、その他相談室などを近所に配置している。

——地域との活動とは具体的にどういう活動か。

2階の重度障害学生の場合、1人のヘルパーが支援のすべてをカバーするには限りがある。ヘルパーも学生なので、学校の授業をきちんと受けられるようにするため、地域社会のボランティアなどの機関と連携して、地域社会の活動補助のサービスも利用できるようにしている。重度障害学生と一般学生1人、それから外部の支援活動をする地域社会の補助と連携して2対1の体制だ。もちろん、生活館で生活する際にはヘルパーと2人で、外部の人は後で入って体験しながら補助をする。

障害学生への自立生活のための支援プログラムを行っている。障害学生当事者同士で集まって小規模なグループ活動をしながら、自分の力量の強化や、学習ができるようにしている。その他性教育なども重要だ。ほかにも、健全な社会生活が送れるような支

写真9-11　相談室で学生から相談を受けるピア相談員

援プログラムを行っている。

また、相談室の運営を行っている。そこでは主に障害学生からの相談を受けている。相談の内容は主に進路や学校生活についてだ。ピア相談室もあり、同じ障害学生が障害学生の学校生活全般の相談を受けたりする。

現在は視聴覚の重複障害者がピア相談員として活躍している。奥さんが通訳をして、1週間に5〜6件の相談を受ける。学生は同じ障害のある相談員に腹を割って自分の悩みを相談している。視聴覚の重複障害があるので、指の上に点字（指点字）を打って会話している。

このピア相談員はドキュメンタリー映画「かたつむりの星」に出演した。アムステルダム映画祭で大賞を受賞し、日本でも紹介された。

——奨学金をもらえるからと、経済的に困っている学生がヘルパー制度を利用していることもあるか。

申請優先だ。支援金がほしいから申請するケースもある。リハビリ科目などの専攻学生が、生活のなかで実際にふれあいながら経験していきたいとの思いで申請するケース、社会福祉学科、特別支援教育学科、体育教育学科などの学生が申請するケースもある。

——障害学生と共同生活することで、一般学生は障害に対する見方や理解は進むか。

生活館に来て、学生たちがこれまでしなかった経験を積むことで、考え方などが違ってくる。いっしょに生活しながら、必ずしも肯定的な効果だけではないが、偏見をもっていた学生が肯定的になる場合もある。

健常者と障害者との関係は、頻繁にいっしょにまたは別々に相談して確認している。マッチングで長い間不具合がある場合は、人を変えることもある。逆にマッチングがうまくいっている場合は予定よりも延長する場合もある。

障害者にとっては、社会進出する前の関門のような役割を果たしており、健常者の社会でいっしょに生活できるようなスキルなどを積んでいく。

——その期間は……。

1年が基本だ。うまくいけば長期間に延長する場合もあるが、前提がある。あまり親しくなり過ぎないことだ。2人が一生いっしょにいることはできない。親しくなり過ぎてエチケットが守れなくなる場合もある。それが社会進出を妨げ問題視されることもあるので、期間を限定している。

——この生活館のシステムは画期的だと思うが、世界にこうしたモデルはあるか。

まったく同じシステムがあるかはわからない。最初に統合システムをつくるときに担当の教授がアメリカへ行き、そこで障害者と健常者がいっしょに生活する統合生活に着目し、参考にした。

——韓国は2000年代からインクルーシブ教育を行っていると聞いている。その世代が現在の利用世代になっていると思うが、大学に入るまでの障害者と健常者がともに学ぶ経験や学んできたことが大学での共同生活に活かされているか。

韓国のインクルーシブ教育のシステムは2004年度から始まった。まだインクルーシブ教育の歴史は浅く、大学で初めて経験する人も多い。一番難しい対象は発達障害の学生だ。

——これから社会に出ていくためには、困ったときに学生自身が相談したりほしいサービスを要求したりできることが大切だと思う。ここでもいろいろな支援を障害学生から要求する力はついていっているか。

たくさん増えている。システムも障害学生の要望をもとに運営されている。たとえば、車いすに乗ったまま移動できるところは学校内で十分自由に移動できるが、視覚障害者にとっては点字による環境整備が不十分だ。障害学生が友人に頼んで写真を撮り、不十分なところを関係者にアピールするなど、学生からの要望で拡充している。

第9章　韓国における知的障害者の大学進学　171

――リハビリ自立学科と生活館はどちらが先にできたのか。

リハビリ自立学科を最初に開設し、生活館は後からできた。バリアフリーなどは学校ができた頃から配慮してきた。

――生活館ができたことによって、リハビリ自立学科に行きたい学生が遠方からも来られるようになったと理解してよいか。

リハビリ自立学科のうち40％が生活館で生活している。それ以外は通学している。40％の学生たちは生活館のおかげで入学できている。生活が安定しないと大学生活がうまくいかないので、生活館の影響はある。

――スタッフは忙しいか。増員してほしいか。

とても忙しいけれども幸せだ。やりがいを感じる。多ければ多いほどいいだろう。障害のある学生が順調に授業を受けられるようにするには、ベースとなる生活を充実しなければならない。生活の部分をよくするためにはたくさんのスタッフがほしい。

(3) 補助工学センター

ナザレ大学の補助工学センターでは、障害者向けの補助器具が展示されている。ソン・ビョチャン同センター長とキム氏が案内しながら、器具の説明・紹介を行った。

聴覚障害者用のランプや振動で状況を知らせる器具、視覚障害者用のバーコードから内容を読み上げる器具や点字

写真9-12 補助工学センターには様々な福祉用具が展示されている

キーボード、肢体不自由者用の多種多様なマウスやキーボード、あるいは食事器具、電動・手動の各種車いすのほか、入浴や排便の補助具、生活関連

やスポーツ用の補助具など、さまざまな補助器具が展示されている。

———一般の人や学生が利用したいと思ったときに、ここに来て相談したり業者と連絡を取ったりできるのか。

直接購買することもできる。業者の電話番号だけ知らせることもある。

———日本では車いすを購入すると何割かの公的補助があるが、韓国ではどうか。

障害がある人たちはもともと登録していると思うが、福祉カードがあれば9割くらいが免除され、負担は1割くらいになる。

———日本の理学療法士などのような、補助具に関してリハビリを支援する国家資格はあるか。

補助工学士、技師工学士などがある。一つの学部で学習を積み重ねて、2種類の資格のうちの一つを選択して進路を決定する。リハビリ工学科はナザレ大学にしかない。

6 総括質疑
——カリキュラムや入試から性教育、障害受容まで

一通りの視察を終えた後、チェ・ドゥクジン教養学部教授と懇談した。最初のキム氏の説明を受けて質疑応答が始まると、話がどんどん膨らんでいった。

⑴性教育の重要性

このナザレ大学で勉強し、生活する4年間の経験がその学生の青年期、ひいては人生や生涯全体で最も大切なものとなるだろう。この時期にきちんとした教育を受けて社会に進出できるかどうかが、その後の人生・生涯に関わる。

一般の学生は入学して勉強し卒業して就業し、社会人としてお金を稼い

第9章 韓国における知的障害者の大学進学 173

だり、生活したりするが、障害のある学生はそういうことをそのまま真似する訳ではない。自立の意思をもって働く過程から感じるやりがい、または生きていく上での目標など、生きる意味を感じられるようにすることが最も大事だと思う。

写真9-13　チェ・ドゥクジン教養学部教授と意見交換

　結局、人間は幸せになるために生きている。一般の人の人生をそのまま真似して生きなさいという支援はしない。障害者が社会に出て行くということは、生き方など哲学的なところに広がるかもしれないが、それぞれが人生の意味を探り、それぞれの幸せな人生について考える。そういうことを満喫しながら生きていけるように支援していきたいと考えている。

　同じ世代でも障害者は健常者と違い、さまざまなジレンマをもち合わせている。知的障害者は知的に発達が遅いが、身体障害者は血気盛んな若者だ。アンバランスなところの均衡を図るためには繊細で専門的な指導が必要だ。

　絶対に避けて通れないものは性教育だ。保護者向けの性教育を予定し、まずは両親の性教育から始めていく。学校と両親が連携して、若者たちの健康な性のためにいっしょに工夫したり考えたりする機会をもつことが大切だと考えている。

　——生活館でも性関係のトラブルはあるのか。
　当然ある。あるからこそ健康な証拠だ。そのトラブルにどういう手法でアプローチして問題を健全に解決していくのか、私たちはほかの機関よりも努力や工夫を辛抱強く考えている。

　また、障害のある人たちの立場は弱いが、逆に一般の学生が障害の困難さを体験する機会をつくっている。困難さを経験することで、お互いのトラブルを予防する能力や、トラブルを適切な方法で解決する能力を養うことにも

なる。

　障害の有無にかかわらず、こういう経験が人生の大事な財産になったり、将来いっしょに社会で暮らしたときの助けとなったりすると考えている。

　——男女の生活館は中でつながっているのか。
　2階だけはつながっているが、ほかの階は分離されている。2階は重症の学生が多いので、事務室から素早く対応できるようにしているからだ。
　以前、ほかの階にいる知的障害のある男子学生が2階の通路を使って女子学生の部屋に行くことがあった。学生が、異性の生活しているエリアにやたらと行くことは禁じられている。

　——学生の数を考えると、一般の学生だけの部屋もあるのか。
　生活館の後ろに建物がある。350人くらいの定員だ。留学生と一般学生だけが生活している。留学生も一側面では、言語に障害があるといえるだろう。留学生が生活館を利用するのは、事務所が近くすぐに支援が受けられて便利だから。もちろん一般学生が生活している建物に障害のある学生が入っていけないわけではないが、バリアフリーの環境ではないのが現実だ。

(2)アルバイトと学生の経済的側面
　——生活館でお祭りのようなものはあるか。
　生活館独自のもので楽しい。大学がキリスト教だから、礼拝堂で行うこともある。礼拝堂の存在が生活館の円滑な運営につながっている。霊的、精神的な支えだ。

　——生活館の基本理念のなかに信仰があるのか。
　キリスト教の教えにしたがって生活・活動している。

　——学校が休みのときは、自由に過ごしているのか。
　学校で学習活動がある場合には「学校に残ります」という申請書を提出す

第9章　韓国における知的障害者の大学進学　175

る。外に出ずに生活館に泊まることができる。奉仕活動や実習、資格検定に向けた準備クラス、公務員試験準備などさまざまな活動がある。

──アルバイトをしている学生はいるか。

いる。たとえば按摩師。按摩の資格をもっている学生も多い。

補助工学センターに点字の紙をモニターに映す器具があるが、器具の作成過程で点字に関する知識のある障害者が求められる場合がある。そういう製作会社や機関でアルバイトをする場合がある。そこでは課題やノルマが与えられる。1日何枚くらい作るなど、一般の人が翻訳のアルバイトをするのと同じだ。

ほかにも、コンビニのレジやレストランのホール、マクドナルドやロッテリアでも知的障害者のアルバイトが増えている。アルバイトとして働ける場所がたくさん増え、正職は難しいが、社会経験を積める環境がたくさんある。

──入学してくる学生の家族は熱心で経済的にも余裕のあるところが多いか。

経済的なゆとりがある家庭やそうではない家庭などさまざまだ。奨学金の支援を受けている学生もいる。

──身体的な障害がある人は成績に応じた奨学金を受けることが想定できるが、知的障害がある人も奨学金を受けることができるのか。

リハビリ自立学科の学生のうち100％の学生に知的な障害がある。そちらでもほかの学科と同様に、成績が伸びていることを証明できれば奨学金を受けることができる。

⑶難関の入学試験

──入学試験は難しい。倍率は5倍だ。

二次まで試験がある。一次試験は基礎学力検査。国語、数学、英語、エッセイ、職業能力評価がある。その日の午後は面接。そこで定員の2倍にまで絞り込む。

一次試験をパスした学生に限って二次試験を案内する。面接試験を行う。例年は大集団活動テストなどだ。たとえば体育活動。組別に何か体育活動をする。学生それぞれの特性や性格があらわに出る。
　もう一つは美術プログラムだ。たとえば、「家を描いてください」と指示してから、

写真9-14　夕食懇親会をセッティングしてくださり互いの交流を深めた

「この家を描いた理由を説明してみてください」と説明を聞く。そうすると、学生のそれぞれの長所や短所をだいたい把握できる。
　当日午後は、両親といっしょに面接をする。父母といっしょの面接は成績には反映しない。
　父母といっしょの面接の前に深層面接がある。短い短文を提示して「それを読んでみてください」と指示する。そして、その文章についていろいろな質問をする。その答えを聞いて学生の長所や短所を把握する。
　親との面談のときは現実的なところも話す。4年間お金もかかるので「途中でやめることはないですか」とか「学生の支援や後援はどういうふうにやっていきますか」などを尋ねる。
　これらの試験の結果をまとめて25人を選抜する。その際、万が一の辞退などを考えて10人程度の補欠も選抜する。実際は、途中であきらめる人はほとんどいないからそれは該当しない。
　試験で不合格になって浪人し、2回3回と繰り返し受験する人も多い。これまでの新入生選抜システムは長い間やってきたのでほとんど知られている。そこで新たなシステム、パターンで行うことも検討している。

　――1年間の大学の学費はどれくらいか。
　1学期（3か月）に300万ウォン（約28万円）かかる。4年間勉強を続け、

第9章　韓国における知的障害者の大学進学　177

食事や小遣いなど全部含めると5,000万ウォン（約460万円）程度かかると思う。先ほどの親との面談では必ずこういう質問をする。「たくさんお金がかかりますが、最後までがんばれますか」と。

——日本では保護者が進学を希望しても学校の先生たちが就職に向けて活動したほうがいいというケースもあるようだ。韓国で学校の先生は「ぜひナザレ大学に行きなさい」とすすめるのか。

そうだ。

⑷キリスト教系列だからこそ
——韓国にこういう先進的な大学があることは素晴らしい。

キリスト教系列の大学だから可能なのではないか。韓国唯一の障害者向けの専門的なシステムや組織がある大学で、たぶんほかにないと思う。

ナザレ大学も、知的障害者向けの学科を新設するのは勇気が必要だった。2008年度に国会に行って知的障害者向けの学科新設について世論に働きかけ、2009年度に各地、各方面の人から支援を受けて学科を新設することになった。発達障害学生の人数が増えてくれば、自然に知的障害のある障害学生の人数も多くなる。知的障害のある学生向けの特別な管理や指導システムが必要だという総長の考えのもと、みんなが同じ意見を出した。

ナザレ大学のいまのプロセスなどを見て、ほかの大学でもこのような学科を新設したがっている。しかし、実際に学生たちをどう指導したらいいのか、ノウハウがないから躊躇している。

ほかの大学の知り合いからいろいろ相談を受ける。私たちがいうのは、自信をもって知的障害学生を支援や指導ができないようでは、最初からスタートしないでほしいということだ。

これからもう一つ知的障害者を受け入れる大学ができるかもしれない。すると私たちの大学とは競争関係になるだろう。これはよいことだと思う。いい意味での競争ができるかもしれない。お互いに切磋琢磨し発展し合うから。

韓国の障害者は24万人だ。去年、韓国では発達障害関連法が成立した。この法律には大学の教育や障害教育についての内容が盛り込まれているから、これからも障害者の親たちのニーズが増えてくるのではないかと思う。

　このような雰囲気のなかで、ナザレ大学は知的障害関連システムをもっとアップグレードしていくと思う。自分の希望や夢をいうと、ナザレ大学が中心的な大学になって、ほかに知的障害者がらみの大学が増えてきたら、いろいろなノウハウなどを指導する存在になりたいということだ。

　——すごくハードルの高い知的障害者の履修クラスをつくるのに、その原動力となったのはやはりキリスト教的な考え方があるからか。

　それが一番大事なことだ。ナザレ大学に入学した学生は、みんな礼拝をしなければいけない。信仰心は必要だ。信じられる何かがないと。

　——希望者が多いが、これから定員を増やす計画はあるか。

　悩み中だ。学生の人数を増やすと、それによって指導職員なども増やさないといけない。考慮してしなければいけない。増やしてほしいとの保護者の意見もある。「どうしてクラスの定員が25人なのですか、定員を増やしたらうちの子も行けるじゃないですか」と。いろんなことを考慮して、教員と学生の数がある程度マッチングできないといけない。

　韓国の大学の重要資料がある。一つ目は入学率、二つ目は在学率、三つ目は就職率だ。教育機関はこの三つを見て大学を評価しランキングづけをする。リハビリ学科も正式な学科だから、一般大学と同じようにこの三つを重視しなければいけない。

　クラスの人数を増やすことによって就職率が落ちてしまえば意味がない。そういうことも計算している。入学率とつながる学生の人数は、就職率に反映するから慎重にいく。ここはデイケアセンターではない。現在の就職率は80〜90％だ。人数が増えてそこまでできるか心配だ。

　だから人数が増えたら、それに合わせてさらによいプログラムを組んで、展開しなければいけない。

⑸学位を得られる唯一の大学

——卒業したら卒業証書は得られるのか。

　卒業したら、一般大学の卒業生と同じように正式な学位が与えられる。ほかの障害者関連の教育機関も教育はするが、大学を卒業した人と同じように学士を与えない大学はいくつかある。3年課程や4年課程などいろいろあるが、障害教育課程のような機関では修了証は与えられるけども学位は与えられない。

——アメリカのマサチューセッツ州立大学やUCLAなど、数人の知的障害者を受け入れている大学を見てきたが、どこも学士は与えていなかった。カナダやオーストラリアでもそうだった。

　ナザレ大学のケースが唯一で、独特なケースだと思う。これについてはもちろん議論がある。知的障害のある学生も高等教育を受ける権利がある。この権利があるということは、同等にお金を払っていろいろな課程を履修する権利があるということだ。

　それが問題ないと考える理由は、彼らも自分なりの競争を突破して入学をする。一般学生が入学試験で競争をして入学するのと同じだ。激しい競争を経て入学するから何も問題ないと思う。

——ほかの国にあるナザレ大学に、同じような学科はないのか。

　知的障害者だけを受け入れている学科は見たことがない。聴覚障害者や視覚障害者の専門の大学はいくつかある。アメリカにもあるし、茨城県のつくば技術大学には見学に行った。

　ドイツに行ったとき、知的障害者を対象にして農作業を教えている学校を見たことがある。ドイツは農作業をしている人が少ないので、人材活用しようということだそうだ。しかし、正式な大学ではなく専門学校レベルだった。てんかんなどの疾病を患っている人向けだ。その学校では教会をつくっており、日本の教会と連携して運営している。職員全体がてんかんを患っている人を雇用している。知的障害者だけという学校はない。

⑹障害受容をめぐって

——学生の障害受容はどの程度進んでいるのか。

学生全員が、自分はこういう状態だとはっきりと理解している。こういう認識ができなかったら社会に出て適応できないから、自分のことをしっかり知った上で勉強をして社会に出る。

境界性障害は正常と非正常の境にある。そういう場合、学生は自分が正常か非正常かはっきり認識ができない。先生たちは機会あるごとに、自分の障害を素直に受け入れるように指導している。またそこでは、自分自身の選択と責任を強調して指導している。

3年生になるまで、パイロットになりたいという非現実的な夢をもっている学生もいる。そういう学生には、真剣に現実を受け入れるように指導することも重要だ。

——ゆたかカレッジの学生は、障害受容が難しいところがある。自分の障害を相手に伝えることが難しく、どうやって障害を受容できるようにするのかが課題だ。

障害があることは誰もが認めたがらない。実際、買い物もなかなかできない。彼らの目線に合わせて何度も伝える。自分の能力をわきまえることで、社会に出ても適応できるような人材になる。

1年生、2年生のときは衝撃になるので、できるだけ慎んでいるが、3年生4年生になると次第に学校に慣れて適応してくるので、それに合わせて少しずつ度合いを高めていく。「あなたは、こういうことができない」など、限界があることを伝える。ショックにならない範囲で少しずつ範囲を広げながら指導していくしかないと思う。

ほとんどの保護者は、自分の子は現実より能力が高いと過信している。卒業してから就職先で、行政補助など事務的な仕事がほとんどできると思い込んでいる。企画力が乏しいのは事実だ。

ワープロも補助程度のレベルなのに、保護者はもっともらしい役職や立派な仕事先などを求めるので困ってしまう。入学するときは「無事に卒業した

らそれで満足します」といいながら、4年生になったら「これくらいの仕事
にしか就けないのか」「先生もう少しがんばってください」などと言われる。
保護者と先生の関係でもめごともあったりするが、尊敬する関係だ。現実の
ところで十分考慮して、学生の好みの分野に指導していく。保護者と先生た
ちの意見の違いをどれほどしぼっていくかが課題だ。

⑺カリキュラムと単位
——普通の大学とは違うカリキュラムも入っていると思うが……。
　カリキュラム自体は異なっているところはないが、それらのカリキュラム
のなかに学生たちが取得できるプログラムが入っている。

——見学した授業「ビジネスマナー」はどういうカリキュラムか。
　「職務技術」だ。主に職業関連のことを教えている。就業専門家だから。
そのほかに、学生たちの心理や協調性などはほかの先生が指導している。教
養科目は統合科目だから一般学生と同じだ。専門科目だけは障害のある学生
が中心だ。
　問題は、教養科目を受けたら一般学生と競争しなければならないから、教
養科目は点数が低くなる。だから保護者たちは「教養科目も成績がよく出る
ように、障害学生同士でやればいいではないか」といっているが、先生たち
は違う。教養科目で一般学生と触れ合いながら、一般常識などを見習うこと
ができる。長所を勉強することができる。「点数が低いと成績が低く出るから」
という理由で障害者同士のクラスをつくると、過保護になってしまい発展が
ない。

——障害のある人とない人の期末試験の問題は同じか。
　同じだ。レポートも同じだ。だから教養科目は大変だといっている。一般
学生と競争だから。

——トータルで取る単位の数も同じか。

4年間で127単位を取らないと卒業できない。一般学生も同じだ。

——専門の単位と統合の単位を合わせて127単位か。

そうだ。合わせた最小限が127単位だ。1単位でも足りないと卒業できない。

——留年する人もいるか。

大変だと思った学生は留年するより休学する。学生同士の問題や経済的な問題もある。

障害学生と一般の学生たちとの競争は、現実的には難しい。だから、実際には彼らだけの評価をするようにしている。さまざまな配慮をしている。障害学生は一般の学生よりも勉強熱心だ。

配慮はあるが、結果的に試験もレポートも同じだ。

——障害学生の一生懸命さを健常の学生が見習うこともあるか。

ある。いい刺激になる。評価がA＋になる障害学生もいる。一生懸命やっている結果だ。ほとんどの人が出席率は100％だ。学校に来ないと大変だと思っているから。みんな、学校に来るのが大好きだ。

専門科目では、障害学生同士だから自分の実力より少し点数を与える。「下駄をはかせる」「称賛はくじらも踊らせる」というように、ピグマリオン効果を狙っている。

学科の定員の30％は奨学金をもらって勉強している。上位5位までは成績奨学金、3人くらいは学年の役員をして奨学金をもらっている。経済的な理由で奨学金をもらう学生は30％ぐらいだ。企業団体からもらえる奨学金もある。

父親が子どもの大学の支援金をもらえる会社に勤めていれば、ナザレ大学は正式な大学なので、それをもらうことができる。国家奨学金も十分もらえる。

——大学の教授が、知的障害者の授業を教えるのは、小学校中学校レベルの授業になってしまうので理解ができないと思うが、苦労はあるか。

全般的なところではないが、知的水準の発達がゆっくりな学生を教える教

第9章　韓国における知的障害者の大学進学　183

授は、世間体がいいとはいえない。だから外部から専門の機関や企業の機関からプロジェクトとして受け入れる場合がある。そういう場合には、教授陣が除外されるケースがある。

個人的には、いまのクラスの学生たちに教えられるスキルは、ほかの有名大学の修士マスターや博士課程の学生を教えるスキルより、もっと高いと思う。

7 身近で具体的な目標

私たちはこれまでアメリカやカナダ、オーストラリアなどの知的障害者を受け入れている大学の視察を行ってきたが、こんなに身近な隣国である韓国にこれほどすばらしい取り組みを行っている大学が存在することを知り、まさに目から鱗が落ちる思いであった。

とりわけ私たちが感銘を受けたことは、知的障害者を正式な「ナザレ大学大学生」として受け入れ、所定の単位を取得したら知的障害者も学士号を取得できることである。また、生活館やトウミ制度という画期的な仕組みにより、教育と生活支援が車の両輪のごとくしっかりと行われている点である。さらに、生活館や1、2年次の授業では、障害学生と一般学生とが完全にインクルーシブな環境で生活できている点がすばらしい。

一般学生にとって、障害者に対する偏見や差別をなくすためにとても有効な取り組みだと考えられる。ナザレ大学という具体的な目標が見えたことで、私たちもなお一層、知的障害者の高等教育保障に向けて奮闘していきたいと心を新たにした。

写真9-15　ナザレ大学視察の感動を胸に韓国視察を終了した

終　章

大学視察のまとめとして

2014年から5年をかけ、世界各地のさまざまな大学で、キャンパスライフを送っている知的障害学生と彼らをサポートしている教員やオフィススタッフ、研究者らと意見交換を行ってきた。

　そのなかでシドニー大学に通う1人の学生が「大学に通う前は自分に自信がなく何もできなかったが、勉強を通して1人でもさまざまなことができるようになった。大学に通うようになって変わったことは、自立してきたことと自信がついたこと」と自信をもって話をしたことが、とても印象に残っている。これらの言葉や、それを話すときの生きいきとした表情は、世界中の知的障害学生に共通していえることであった。

　多くの大学に共通していることの一つは、学生自身が学びたい科目を選択し、受講できるシステムがあることである。すなわち「与えられた学び」ではなく「自らが望む学び」である。このことは障害学生に、一般学生と同様に大学生活を過ごしているという意識と自覚を育んでいる。

　また、一般学生と学ぶ際に生じることが予想される困難に対しての支援も充実している。その柱が、障害学生と一般学生とがペアになり、必要な支援を行うメンターの存在である。

　職員や学外のボランティアが支援するのではなく、同じ大学の学生がメンターとして支援することで、単に支援する、されるという一方向的な関係ではなく、時にはショッピングや同好会の活動などをいっしょに楽しむ友人、仲間として接するという双方向の関係性が確立できる。これは、障害のある学生にとって、大学が自分の生活を楽しく豊かにすると実感できる上での重要なシステムだといえるだろう。

　これらの支援やシステムに加え、多くの大学では、知的障害学生に対し、大学生活をより実りあるものするために、定期的に（概ね2週間から1か月に1回程度）チュートリアル（個別指導）を導入している。ここには「障害があるから、ただ授業に参加していればいい」ということではなく、自分が学ぶべきことについてしっかり追究し深めるという大学本来の学びを、障害のある学生も経験できるようにする大学側の意図が表れている。

　このように、障害学生の高等教育に関する研究の積み上げと実践を通して

186

その学びと自己研鑽を尊重し、1人の人間として豊かに生きる権利を保障する取り組みを進めているのが、各国大学のインクルーシブ教育プログラムだといえるだろう。

障害のある学生が大学に通いながらさまざまな経験をすることで問題を解決したり、たくさんの友だちと関わることが自信や喜びとなったりして、先に紹介した言葉となって表出したものと考える。

また一般学生にとっても、メンターとしてこのプログラムに参加することで、ともに成長できる機会となっていることが明らかになった。「学ぶ」ということが誰にとっても大切で必要なことであると、改めて認識できた視察調査であった。

視察した各国大学のインクルーシブ教育プログラムも、その基底に国連障害者権利条約の存在があることは、それぞれの大学関係者から共通して語られた事実である。ただ、それを実現し導入できた背景には、それぞれの大学において、知的障害者高等教育プログラムを組織的に位置づけるために、熱意をもった核となる人物が存在したことは印象的であった。

法制度は整備されても、どこから何をどのように進めていくのか、その最初の道筋をつけることはとても難しい。特に、立ち上げ時の理念と方向性の明確化は、その後の高等教育のあり方を決定づけていくものとなるだけに、高等教育関係者をはじめ障害のある学生、保護者、一般学生など多くの人々の理解と共感を得る内容を備えていく必要がある。また、現実問題としてプログラムを実施する資金の調達も不可欠である。

数々の海外の大学を視察し、知的障害者のための大学教育プログラムの実践に取り組んできた多くの関係者の話のなかから今後、日本において知的障害者の高等教育保障を進めるにあたって不可欠になると考えられるポイントをまとめると、以下の通りである。

①設立時における理念や手法の根底の部分をしっかりと確立しておくこと。

②その部分を引き継ぎ、改善・発展させる方向で推進する専門的知識・ス

キルをもつ人材を確保すること。

③研究と実践を一体化させ、単なる机上理論でなく実践による検証の重要
　性を強く認識すること。

④広く情報収集に努め、最新の理論や実践について豊富なバリエーション
　に応え得る体制を整えること。

⑤外部評価を受けることにより、より実践的なプログラムへと改善してい
　く姿勢を貫くこと。

⑥プログラムを大学内での実践レベルで終わらせることなく、理念の推進
　と実現のために社会的企業モデルの構築を視野に入れるなど、将来への
　ビジョンを明確にもつこと。

　このように、理念や実践の継続、実践の評価、新たな枠組みづくり、大学
や国を超えた広範な情報収集と必要な情報の共有などを駆使しながら、実践
の歴史は短くとも確実に成果をあげているのが各国大学のインクルーシブ教
育プログラムである。研究、実践の良し悪しは、その取り組みの長短ではな
く、目的遂行への熱い思いと、それを実現、発展させていくための総合的な
視野と発想、有能な人材、そして実践を改善していくため自らの実践に対し
外部評価を受け入れる謙虚さによることが明らかになった。

　各国大学の研究チームには、さまざまな分野の博士、研究員が集まってお
り、それぞれの役割が決まっている。たとえばシドニー大学では、メンター
と呼ばれる一般学生のボランティア支援者、チューターと呼ばれる個別対応
講師が中心となって障害学生のサポートを行っている。さらに、研究チーム
はそのバックアップとして障害学生がどのようにプログラムを遂行していく
のか、またその実践において、どのような成果を出しているのかについての
研究のプロセスを決めている。

　それにより、2年間という大学在籍期間のなかで、確実に障害学生に対す
るアプローチが重ねられている。また、障害学生自身も同世代のメンターか
ら学習支援、余暇や生活のなかでの支援だけでなく、同じ大学の学生たちと
コミュニケーションを取り接することで統合が図られている。

さて、厚生労働省の国立社会保障・人口問題研究所は、日本の少子高齢化が今後ますます加速していくと予測している。2060年の日本の人口は8,674万人と、2010年比で32%、4,132万人が減少し、65歳以上が5人に2人を占めるとの試算である。それらにともない働き手の減少も深刻になる。2010年に8,173万人いた15～64歳の生産年齢人口は、2060年には4,418万人とほぼ半減してしまう。人口に占める割合は2010年の63.8%から60年には50.9%に低下する。

　このようなわが国の将来を展望したとき、労働力人口の減少を補うためには、女性や高齢者、そして障害者の労働力率を高めることなどにより、生産性の大幅な引き上げが必要となるに相違ない。

　上記を鑑みたとき、今後、知的障害者の労働力率を高めることも急務である。2016年の統計調査によると、18歳以上65歳未満の知的障害者40.8万人に対し、就労者数は10.5万人、就労率は25.7%である（「障害者雇用の現状等」厚生労働省職業安定局2017年9月）。

　知的障害者の場合、大学に進学する割合が0.5%（既出）であることをふまえると、先の10.5万人の就労者のほぼすべてが18歳までしか教育を受けていないということになる。

　そのような現状のなか、今後、知的障害者が高校卒業後もさらに4年間の学びの機会を得ることが実現すれば、就職の可能性も大きく広がってくるに相違ない。

　また現在、日本における障害者法定雇用率は2.2%（民間）である。2020年度末までには2.3%になることが予定されている。一方、諸外国の障害者法定雇用率は、ドイツ5%、フランス6%、イタリア7%である。人口全体に占める障害者人口の割合が7.4%（「平成30年度障害者白書」厚生労働省）であることをふまえると、将来的には日本においても今後ますます障害者法定雇用率は上がるに相違ない。そのとき企業は、知的障害者に対し、会社の戦力としての期待を注ぐだろう。

　そのときに、そのような社会の期待に応えるべく、しっかりと青年期に学び成長し、会社の戦力に、そして社会貢献者として育つ機会と時間が必要で

終章　大学視察のまとめとして　189

ある。それこそがまさに、知的障害者の高等教育保障の大きな目的の一つである。

　日本の大学が、知的障害者を受け入れる時代が1日も早く訪れることを願ってやまない。

年	日程	国名	視察訪問先	参加者
2014 年	10 月 29 日	アメリカ	「Transition Matters Conference」（移行に関する会議）参加	長谷川正人・長谷川美栄・井手祐輔・志免木章・岩切大祐
	10 月 30 日		「レズリー大学」視察	
			「マサチューセッツ州立大学ボストン校」視察	
	10 月 31 日		「Think College」オフィス訪問	
2015 年	1 月 28 日	アメリカ	「カリフォルニア州立大学ロサンゼルス校」（UCLA）視察	長谷川正人・長谷川美栄・井手祐輔・志免木章・長尾知佳
	1 月 29 日		「北オレンジ郡コミュニティカレッジ」視察	
			「映像専門学校エクセプショナルマインズ」視察	
	12 月 2 日	オーストラリア	「シドニー大学」視察	長谷川正人・長谷川美栄・井手祐輔・志免木章・小谷彰・末光茂（社会福祉法人旭川荘理事長）
2016 年	4 月 29 日	カナダ	「レジャイナ大学」視察	長谷川正人・長谷川美栄・井手祐輔・志免木章・山本和子・櫻井美紗都・末光茂（社会福祉法人旭川荘理事長）・猪狩恵美子（福岡女学院大学教授）
	5 月 2 日		「インクルージョン・アルバータ」オフィス訪問	
			「マウントロイヤル大学」視察	
			「ボウバレーカレッジ」視察	
	5 月 3 日		「カルガリー大学」視察	
			「アンブローズ大学」視察	
	8 月 15 日〜17 日	オーストラリア	「IASSIDD」（国際知的発達障害学会）参加（ポスター発表）	長谷川正人・長谷川美栄・井手祐輔・志免木章・小林知佐
	8 月 18 日		「フリンダース大学」視察	
	11 月 3 日	韓国	「ナザレ大学」視察	長谷川正人・長谷川美栄・井手祐輔・志免木章・葛尾尚英・豊増彩華・定宗美帆・原田なつみ・田中和美・猪狩恵美子（福岡女学院大学）・田島英二（クリエイツかもがわ）
2017 年	4 月 27 日	イギリス	「ジョン・ディウェイ・カレッジ」視察	長谷川正人・長谷川美栄・井手祐輔・志免木章・猪狩恵美子（福岡女学院大学教授）
	5 月 1 日	アイルランド	「アイルランド大学」視察	
	5 月 3 日	アイスランド	「アイスランド大学」視察	
2019 年	2 月 14 日	スペイン	「マドリード・コンプルテンセ大学」視察	長谷川正人・長谷川美栄・井手祐輔・鵜居由記衣（つなぐいのち基金代表理事）
	2 月 15 日		「マドリード自治大学」視察	
	2 月 18 日	イタリア	「サクロ・クオーレ・カトリック大学」視察	
	2 月 20 日	イギリス	「ロンドン大学」視察	

あ と が き

　本書を執筆するにあたり、大勢の方のご指導ご支援をいただきました。

　とりわけ、ご多忙のなか私たちの視察を快く受け入れてくださり、それぞれの大学が知的障害者を受け入れるに至った経緯や理念、プログラム内容などについてていねいなレクチャーをしてくださったばかりか、充実した意見交換の機会をつくってくださった受け入れ大学の関係者のみなさまに、厚くお礼申し上げます。どの大学でも、知的障害がある人たちに対する暖かな眼差しや、彼らの充実した人生の手助けをしたいという熱い想いに、私たちはどれだけ感銘を受けたか知れません。

　また、それぞれの視察旅行において、私たちの視察の目的や趣旨を理解し、より充実した中身の濃い視察研修となるよう、大学側にアポイントメントを取り視察をコーディネートしてくださったカナダのインクルージョン・アルバータのブルース・ウディスキー理事長、レジャイナ大学URインターナショナルのケイト・チャンマネージャー、韓国のナザレ大学のチョ・ドクジン教授、ロンドン在住の深野利恵子元ウエストミンスター大学教授に、心よりお礼申し上げます。

　さらに、私たちの海外視察の趣旨にご賛同くださり、同行して現地で視察の内容をより深めてくださった猪狩恵美子元福岡女学院大学教授、社会福祉法人旭川荘の末光茂理事長、公益財団法人つなぐいのち基金の鵜居由記衣代表理事、クリエイツかもがわの田島英二社長に、深く感謝いたします。

　なお、海外視察の渡航費用は、2015年12月のシドニー大学の視察においては、公益財団法人木口福祉財団の助成事業により実現いたしました。ありがとうございました。

　それ以外の視察は、渡航費用のほとんどが私たちの取り組み、活動の趣旨や目的に賛同してくださった企業、個人のみなさまの寄付によって賄われま

した。社名、個人名はここでは公表いたしませんが、この場を借りて厚くお礼申し上げます。ありがとうございました。

　また、長谷川美栄氏、井手祐輔氏、志免木章氏をはじめ、視察に参加した職員の皆さんには、多忙な日常業務の合間に視察準備、視察先に関する事前学習、また帰国後には視察内容の整理とまとめ、視察報告書の作成など、本当にごくろうさまでした。皆さんのおかげで、この度、私たちの視察の成果を社会に発信することができました。ありがとうございました。

　特別支援学校卒業後ももっと学びたいと思っている知的障害者のみなさま、わが子の自立のため就労のためにもっと学ぶ機会を与えたいと思っている保護者のみなさまの期待に応えるべく、今後も知的障害者の高等教育の機会の実現のために、ゆたかカレッジスタッフ一同がんばってまいりたいと思います。

　今後とも、引き続きのご指導、ご支援をよろしくお願い申し上げます。

株式会社ゆたかカレッジ
代表取締役社長／学長

長谷川正人

資料：ゆたかカレッジの理念と目標・キャンパス紹介（2019年6月現在）

【ゆたかカレッジの理念と目標】
●ゆたかカレッジの理念
当社は、すべての人への学びの機会の創造を通して社会に貢献する

●ゆたかカレッジの目標
障がい者の個々のニーズに応じた魅力ある高等教育の機会の保障
すべての人が共に学び、共に働き、共に暮らすインクルーシブ社会の実現
障がい者に対する差別と偏見のない社会の創造
障がい者とその家族のより豊かな暮らしの実現
社会貢献・社会変革の活動を通じた社員の働きがいの創出

【キャンパス紹介】
●早稲田キャンパス（本館）
〒169-0051 東京都新宿区西早稲田 2-15-10
西早稲田関口ビル 3 階
TEL03-5292-3020　FAX03-5292-3021
〈交通アクセス〉
副都心線「西早稲田駅」より 6 分
JR山手線・西武新宿線・東西線「高田馬場駅」徒歩 11 分」

●早稲田キャンパス（別館）
〒169-0051 東京都新宿区西早稲田 3-17-20
大伸第一ビル 6 階
TEL03-6205-6889　FAX03-6205-6890
〈交通アクセス〉
副都心線「西早稲田駅」徒歩 10 分
JR山手線・西武新宿線・東西線「高田馬場駅」徒歩 10 分

●高田馬場キャンパス（本館）
〒169-0051 東京都新宿区西早稲田 3-17-21
シャルマンビル 5 階
TEL03-6380-2581　FAX03-6380-2582
〈交通アクセス〉
JR山手線「高田馬場駅」徒歩 9 分

●高田馬場キャンパス（第一別館）
〒171-0033 東京都豊島区高田 3-4-10
布施ビル本館 3 階
TEL03-6914-0055　FAX03-6914-0044
〈交通アクセス〉
JR山手線「高田馬場駅」徒歩 9 分

●高田馬場キャンパス（第二別館）
〒169-0075 東京都新宿区高田馬場 2-4-11
KSE ビル 4 階
TEL03-6205-6801　FAX03-6205-6801
〈交通アクセス〉
JR山手線「高田馬場駅」徒歩 9 分
副都心線「西早稲田駅」徒歩 10 分

●江戸川キャンパス
〒133-0051 東京都江戸川区北小岩 -4-3
クラウンハイツ 2B
TEL03-6458-0971　FAX03-6458-0972
〈交通アクセス〉
JR総武線「小岩駅」徒歩 8 分
京成本線「京成小岩駅」徒歩 9 分

●横浜キャンパス
〒244-0003 神奈川県横浜市戸塚区戸塚町4647
内田ビル 2 階
TEL045-410-6441　FAX045-410-6442
〈交通アクセス〉
JR東海道本線「戸塚駅」徒歩 11 分
横浜市営地下鉄ブルーライン「踊場駅」徒歩 12 分

●川崎キャンパス
〒213-0001 神奈川県川崎市高津区溝口3-11-17
溝の口パークホームズ 1 階
TEL044-819-6390　FAX044-819-6391

〈交通アクセス〉
東急田園都市線「高津駅」徒歩 5 分
東急田園都市線「溝の口駅」徒歩 6 分
JR 南武線「武蔵溝ノ口駅」徒歩 6 分
● 福岡キャンパス
　〒 813-0034 福岡県福岡市東区多の津 1-9-3
　TEL092-611-2225　FAX092-611-2213
　〈交通アクセス〉
　西鉄バス「オロシアム FUKUOKA」徒歩 3 分
● 北九州キャンパス
　〒 802-0004 福岡県北九州市小倉北区鍛冶
　町 2-1-1

クルーズ勝山通ビル 8 階
TEL093-513-2271　FAX093-513-2273
〈交通アクセス〉
JR 鹿児島本線「小倉駅」徒歩 7 分
● 長崎キャンパス
　〒 856-0828 長崎県大村市杭出津 3-353-6
　TEL0957-49-6000　FAX0957-49-6060
　〈交通アクセス〉
　JR 大村線「大村駅」徒歩 18 分
　長崎県営バス「大村バスターミナル」徒歩
　15 分

【資格取得一覧】（2012 年度〜）
日本漢字能力検定 10 級／9 級／8 級／7 級／6 級／5 級／4 級／3 級／準 2 級／パソコンスピード認定試験 5 級／4 級／3 級／2 級／文書デザイン検定 4 級／3 級／文書処理能力検定表計算 2 級／日本語ワープロ検定試験 4 級／3 級／準 2 級／2 級／情報処理能力検定 4 級

【インターンシップ実習受入先一覧】（2012 年度〜）
(株)ニチイケアパレス／株式会社エービーシー・マート／パーソルチャレンジ(株)／まいばすけっと(株)／東京都済生会中央病院／戦力エージェント(株)／NPO 法人えがおさんさん／(株)美洋／(株)メイテックビジネスサービス／スタートライン(株)／(株)富士電機フロンティア／(株)ビジネスプラス／オリジン東秀(株)／(株)ニチイ学館／(株)日立ハイテクサポート／(株)メイテックビジネスサービス／(株)カクヤス／メルコテンダーメイツ(株)／(株)エスプールプラス／ワタミ(株)／ピーアシスト(株)／株式会社楽天カード／特例子会社伴結／一般社団法人カラフル食堂／一般社団法人 yorimichi ／一般社団法人チェンジ＆スマイルカンパニー／社会福祉法人ワークショップたちばな／社会福祉法人寿楽園／社会福祉法人クリエイト 803 ／サンリブマルショクグループ株式会社エルディ／株式会社米七／株式会社ハロディ／エフコープ生活協同組合／コゲツ産業株式会社／株式会社スーパー大栄／株式会社エレナ／ DOGHILL ／社会福祉法人隆明会デイサービスセンターふる里／オムズ株式会社富の原オムズホーム

【卒業生就職先企業一覧】（2015 年度卒業生〜 2018 年度卒業生）
伊藤忠エネクス株式会社／トレックス・セミコンダクター (株) ／えがおさんさん／㈱日本入試センター／西洋フード・コンパスグループ㈱／㈱ハーバー研究所／㈱ウェザーニューズ／済生会中央病院／戦力エージェント㈱／㈱メイテックビジネスサービス／㈱エービーシー・マート／(株)ニチイケアパレス／パーソナルチャレンジ㈱／(株)レイメイ藤井／医療法人水戸病院／(株)鎌倉新書／(株)力の源カンパニー／(株)中村興産／(株)レイメイ藤井／(株)総合メディカル／(株)ジーユー／(有)ヒーリングハウスケアサービス／(株)ブレナスワークサービス／楽天カード株式会社／(株)ザザホラヤ／コゲツ産業(株)／九州労災病院 門司メディカルセンター／(株)山口フィナンシャル／ハローディ大手町店／エフコープ沼店／くるめ犬猫クリニック／(株)トライアル諫早／(株)トライアル大村／(株)かとりストア／レジデンス大村／イオン九州株式会社

| 編著者 |

長谷川正人（はせがわ　まさと）

1960年福岡県北九州市生まれ。1983年日本福祉大学社会福祉学部卒業、2012年日本福祉大学大学院社会福祉学修了。

1991年社会福祉法人「鞍手ゆたか福祉会」設立。1992年知的障害者通所授産施設「鞍手ゆたかの里」設立。2003年知的障害者入所更生施設「サンガーデン鞍手」設立。2009年より理事長。2017年11月より株式会社ゆたかカレッジ代表取締役社長。社会福祉士、精神保健福祉士。メールアドレス：ma.hasegawa@yutakacollege.com

主な著作

『知的障害者の大学創造への道』（クリエイツかもがわ）

『障がい福祉の学ぶ働く暮らすを変えた5人のビジネス』（ラグーナ出版）

株式会社ゆたかカレッジ

社会福祉法人鞍手ゆたか福祉会として、2012年「ゆたかカレッジ福岡キャンパス」を開設しカレッジ事業をスタート。2015年東京都新宿区に「同早稲田キャンパス」を開設。ゆたかカレッジに対する関東地区のニーズの大きさを痛感。そこで、スピード感を持って拠点を増やすために、カレッジ事業を社会福祉法人から切り離し2018年4月より株式会社化。2019年6月現在、東京都、神奈川県、福岡県、長崎県の1都3県に8キャンパスを運営。全学生数210名（詳細は巻末資料194・195ページ参照）。

ホームページ：https://yutaka-college.com

公式facebook：https://www.facebook.com/yutakacollege

公式ツイッター：https://twitter.com/yutakacollege

メールアドレス：jimu@yutakacollege.com

知的障害の若者に大学教育を
米・欧・豪・韓9か国20大学の海外視察から

2019年7月31日　　初版発行

編　著　©ゆたかカレッジ・長谷川正人
発行者　田島 英二
発行所　株式会社 クリエイツかもがわ
　　　　〒601-8382　京都市南区吉祥院石原上川原町21
　　　　電話 075（661）5741　FAX 075（693）6605
　　　　ホームページ http://www.creates-k.co.jp
　　　　メール info@creates-k.co.jp
　　　　郵便振替　00990-7-150584

印刷所　モリモト印刷株式会社

ISBN978-4-86342-262-9 C0037　　　　　　　　　　printed in japan

好評既刊本

本体価格表示

子ども理解からはじめる感覚統合遊び
保育者と作業療法士のコラボレーション
加藤寿宏／監修　高畑脩平・萩原広道・田中佳子・大久保めぐみ／編著

保育者と作業療法士がコラボして、保育・教育現場で見られる子どもの気になる行動を、感覚統合のトラブルの視点から10タイプに分類。その行動の理由を理解、支援の方向性を考え、集団遊びや設定を紹介。　1800円

乳幼児期の感覚統合遊び　保育士と作業療法士のコラボレーション
加藤寿宏／監修　高畑脩平・田中佳子・大久保めぐみ／編著

「ボール遊び禁止」「木登り禁止」など遊び環境の変化で、身体を使った遊びの機会が少なくなったなか、保育士と作業療法士の感覚統合遊びで、子どもたちに育んでほしい力をつける。　1600円

学校に作業療法を
「届けたい教育」でつなぐ学校・家庭・地域
仲間知穂・こども相談支援センターゆいまわる／編著

作業療法士・先生・保護者がチームで「子どもに届けたい教育」を話し合い、協働することで、子どもたちが元気になり、教室、学校が変わる。　2200円

学童期の作業療法入門
学童保育と作業療法士のコラボレーション
小林隆司・森川芳彦・河本聡志・岡山県学童保育連絡協議会／編著

作業療法とは何かから感覚統合の理論をわかりやすく解説、作業療法の「感覚遊び、学習、生活づくり」で新たな学童保育の実践を拓く！　1800円

福祉事業型「専攻科」エコールKOBEの挑戦
岡本正・河南勝・渡部昭男／編著

障害のある青年も「ゆっくりじっくり学びたい、学ばせたい」願いを実現した学びの場「専攻科」、ゆたかな人格的発達をめざす先駆的な実践。高等部卒業後、就職か福祉就労の2つしかなかった世界で生まれた、新たな「学びの場」＝「進学」という第3の選択肢。その立ち上げと運営、実践内容のモデル的な取り組み。　2000円

障がい青年の大学を拓く　インクルーシブな学びの創造
田中良三・大竹みちよ・平子輝美・法定外見晴台学園大学／編著

発達・知的障がい青年のために開かれた大学づくりのもとで本物の学びにふれ、友だちをつくり、青春を謳歌する学生たちと直接、障がい者に関わりのなかった教授陣の類いまれな授業実践！　2000円

知的障害者の大学創造への道
ゆたか「カレッジ」グループの挑戦
長谷川正人／著　田中良三・猪狩恵美子／編　社会福祉法人鞍手ゆたか福祉会／協力

アメリカの知的障害者の大学受け入れと実情を紹介！高校卒業後、ほとんどが大学へ進学する時代…障害者も大学で学ぶ可能性と必要性を明らかにする。　2000円

http://www.creates-k.co.jp/

好評既刊本

本体価格表示

あたし研究　自閉症スペクトラム～小道モコの場合　1800円
あたし研究2　自閉症スペクトラム～小道モコの場合　2000円
小道モコ／文・絵

自閉症スペクトラムの当事者が「ありのままにその人らしく生きられる」社会を願って語りだす─知れば知るほど私の世界はおもしろしく、理解と工夫ヒトツでのびのびと自分らしく歩いていける！

行動障害が穏やかになる「心のケア」
障害の重い人、関わりの難しい人への実践　藤本真二／著　2刷

●「心のケア」のノウハウと実践例
感覚過敏や強度のこだわり、感情のコントロール困難など、さまざまな生きづらさをかかえる方たちでも心を支えれば乗り越えて普通の生活ができる──。　2000円

発達障害者の就労支援ハンドブック　付録：DVD
ゲイル・ホーキンズ／著　森由美子／訳

長年の就労支援を通じて92％の成功を収めている経験と実績の支援マニュアル！　就労支援関係者の必読、必携ハンドブック！「指導のための4つの柱」にもとづき、「就労の道具箱10」で学び、大きなイメージ評価と具体的な方法で就労に結びつける！　3200円

発達障害のバリアを超えて　新たなとらえ方への挑戦
漆葉成彦・近藤真理子・藤本文朗／編著

本人と親、教育、就労支援、医療、研究者と多角的な立場の視点で課題の内実を問う。マスコミや街の中であふれる「発達障害」「かくあるべき」正解を求められるあまり、生きづらくなっている人たちの「ほんとのところ」に迫る！　2000円

何度でもやりなおせる
ひきこもり支援の実践と研究の今
漆葉成彦・青木道忠・藤本文朗／編著

ひきこもりの人の数は100～300万人と言われ、まさに日本の社会問題。ひきこもり経験のある青年、家族、そして「ともに歩む」気持ちで精神科医療、教育、福祉等の視点から支援施策と問題点、改善と充実をめざす課題を提起。　2000円

〈しょうがい〉と〈セクシュアリティ〉の相談と支援
木全和巳／著

保護者、学校の教員、施設職員などからの相談事例を通して、すぐに解決できる「手立て」だけではなく、当事者の視点に立ちながら、「どうみたらよいのか」という「見立て」と「共感的理解」を学びあおう。　1800円

生活をゆたかにする性教育
障がいのある人たちとつくるこころとからだの学習　3刷
千住真理子／著　伊藤修毅／編

子どもたち・青年たちは自分や異性のこころとからだについて学びたいと思っています。学びの場を保障し、青春を応援しませんか。障がいのある人たちの性教育の具体的な取り組み方を、実践例と学びの意義をまじえて、テーマごとに取り上げます。　1500円

http://www.creates-k.co.jp/

■ 好評既刊本　　　　　　　　　　　　　　　　　　　　　　　　　　　本体価格表示

よくわかる子どものリハビリテーション
栗原まな／著

子どものリハビリテーション基礎知識の入門書　リハビリを必要とする子どもの家族、施設や学校関係者などの支える人たちへ、検査方法やどんなスタッフがどのように関わるか、疾患別にみたリハビリテーションなど、基礎的な知識をやさしく解説。
1400円

輝いて生きる　高次脳機能障害当事者からの発信
橋本圭司／編著　石井雅史、石井智子／執筆

夢中になれるものをもてるようになると、人は生きいきしてくる―。
ゆっくりと前進する当事者と家族の思い・願い。ご本人の言葉からどのように悩み、感じているかが伝わってきます。
1300円

よくわかる子どもの高次脳機能障害　2刷
栗原まな／著

高次脳機能障害の症状・検査・対応法がわかりやすい！　ことばが出てこない、覚えられない…わたしは何の病気なの？　目に見えにくく、わかりにくい高次脳機能障害、なかでも子どもの障害をやさしく解説。巻頭12頁は子どもも読める事例（総ルビ）。
1400円

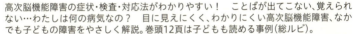

わかってくれるかな、子どもの高次脳機能障害　2刷
発達からみた支援　太田令子／編著

実生活の格闘から見える子どもの思い、親の痛み―。困りごとって発達段階で変わってきますよね。その行動の背景に、なにがあるのかに目を向けると、障害によっておこる症状だけでなく、子どもの思いが見えてきます。子育てに迷うみなさんへヒントいっぱいの1冊。
1500円

読んで、見て、理解が深まる「てんかん」入門シリーズ　　（公社）日本てんかん協会／編

❶ てんかん発作 こうすればだいじょうぶ　改訂版　4刷
…発作と介助
川崎淳／著

てんかんのある人、家族、支援者の"ここが知りたい"にわかりやすく答える入門書。各発作の特徴や対応のポイントを示し、さらにDVDに発作の実際と介助の方法を収録。
2000円　DVD付き

❹ 最新版 よくわかる てんかんのくすり　2刷
小国弘量／監修

これまで使われているくすりから、最新のくすりまでを網羅。くすりがどのような作用で発作を抑えるのかをていねいに解説。
1200円

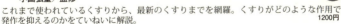

❺ すべてわかる こどものてんかん　改訂版
皆川公夫／監修・執筆

てんかんってなあに？　から、検査、治療、介助、生活の中での注意点など、知っておきたいテーマをすっきり整理！　やさしく解説！
1300円

MOSESワークブック　てんかん学習プログラム
MOSES企画委員会／監修　井上有史・西田拓司／翻訳

てんかんのある人が一人で読むのではなく、病気の知識や向き合う方法を、他の患者さんや関心のある人、トレーナーと意見交換をしながら学ぶ、トレーニングテキスト。
2000円

http://www.creates-k.co.jp/

好評既刊本

本体価格表示

ユーモア的即興から生まれる表現の創発
発達障害・新喜劇・ノリツッコミ

赤木和重／編著

付録：DVD

ユーモアにつつまれた即興活動のなかで、障害のある子どもたちは、新しい自分に出会い、発達していきます。「新喜劇」や「ノリツッコミ」など特別支援教育とは一見関係なさそうな活動を通して、特別支援教育の未来を楽しく考える1冊。　2400円

キミヤーズの教材・教具　知的好奇心を引き出す

村上公也・赤木和重／編著

5刷　付録：DVD

子どもたちの知的好奇心を引き出し、教えたがりという教師魂を刺激する、そして研究者がその魅力と教育的な本質を分析・解説。仲間の教師や保護者が、授業で実際に使った経験・感想レビューが30本。　2800円

特別支援教育簡単手作り教材BOOK
ちょっとしたアイデアで子どもがキラリ☆

東濃特別支援学校研究会／編著

7刷

授業・学校生活の中から生まれた教材だから、わかりやすい！すぐ使える！「うまくできなくて困ったな」「楽しく勉強したい」という子どもの思いをうけとめ、「こんな教材があるといいな」を形にした手作り教材集。　1500円

教室で使える発達の知識
発達が凸凹の子どもたちへの対応

山田章／著

専門家でなくても観察できるアセスメントと支援。失敗しないオプションがたくさんあり、よくわかる「発達の凸凹タイプ一覧表」「発達の凸凹発見ツール」掲載。　2000円

自立と希望をともにつくる　特別支援学級・学校の集団づくり

湯浅恭正・小室友紀子・大和久勝／編著

キャリヤ発達、自立をめざしたスキル形成に重点を置く実践が多い中で、人やモノに積極的に働きかけ、希望をもって生きる力を育てようとする、子どもたちの自立への願いを理解し、希望を紡ぐ集団づくりをどう進めるか、その実践的展望を考える。　1800円

思春期をともに生きる　中学校支援学級の仲間たち

加藤由紀／著　越野和之・大阪教育文化センター／編

葛藤と選択の主体は子どもたち！　同じ"ワケあり"の仲間の中で、お互いの強みも苦手も了解しあい、"自分"を見出す子どもたち。その自信を支えに、それぞれの課題に向き合っていく。　2000円

新版・キーワードブック特別支援教育
インクルーシブ教育時代の基礎知識

玉村公二彦・黒田学・向井啓二・平沼博将・清水貞夫／編

「学習指導要領」改訂に伴い大幅改訂！　特別支援教育の基本的な原理や制度、改革の動向や歴史、子どもの発達や障害種別による支援など、基本的な知識を学ぶ。教員をめざす人や特別支援教育をさらに深めたい人へ、特別支援教育学、心理学、福祉学、歴史学のテキストとして最適。　2800円

http://www.creates-k.co.jp/